CB127161

# DISCURSO SOBRE O BRANCO

CONSELHO EDITORIAL

Ana Paula Torres Megiani
Andréa Sirihal Werkema
Eunice Ostrensky
Haroldo Ceravolo Sereza
Joana Monteleone
Maria Luiza Ferreira de Oliveira
Ruy Braga

Leonardo Sacramento

# Discurso sobre o branco

## Notas sobre o racismo e o **Apocalipse** do liberalismo

alameda

Copyright © 2023 Leonardo Sacramento

*Grafia atualizada segundo o Acordo Ortográfico da Língua Portuguesa de 1990, que entrou em vigor no Brasil em 2009.*

Edição: Haroldo Ceravolo Sereza & Joana Montaleone
Projeto gráfico, diagramação e capa: Larissa Nascimento
Assistente acadêmica: Tamara Santos
Revisão: Alexandra Colontini

CIP-BRASIL. CATALOGAÇÃO NA PUBLICAÇÃO
SINDICATO NACIONAL DOS EDITORES DE LIVROS, RJ

S127D

Sacramento, Leonardo
Discurso sobre o branco : notas sobre o racismo e o "apocalipse" do liberalismo / Leonardo Sacramento. - 1. ed. - São Paulo : Alameda, 2023.
131 p. ; 21 cm.

Inclui bibliografia e índice
ISBN 978-65-5966-154-1

1. Direita e esquerda (Ciência política). 2. Conservadorismo - Aspectos sociais. 3. Liberalismo - Aspectos sociais. 4. Brasil - Relações raciais. 5. Antirracismo - Brasil. I. Título.

CDD: 305.896081
23-82559 CDU: 316.482.5(81)

Meri Gleice Rodrigues de Souza - Bibliotecária - CRB-7/6439

ALAMEDA CASA EDITORIAL
Rua Treze de Maio, 353 – Bela Vista
CEP: 01327-000 – São Paulo – SP
Tel.: (11) 3012-2403
www.alamedaeditorial.com.br

A Clóvis Moura,
grande intelectual e militante.

# Sumário

# PREFÁCIO

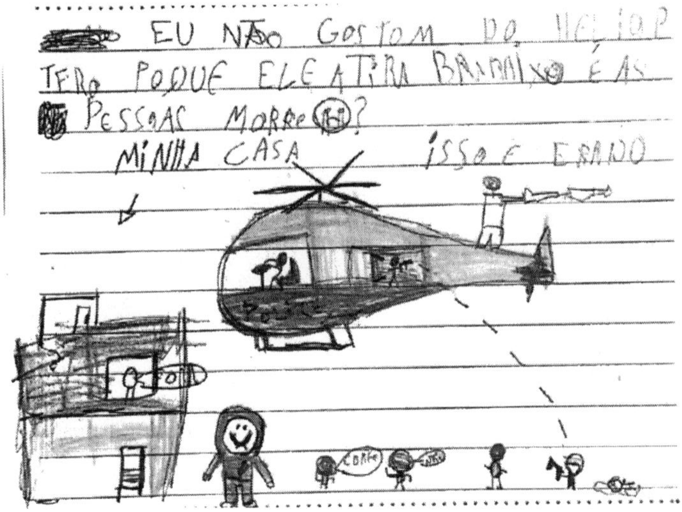

# 1.

O breve ensaio que apresento nasceu de dois processos. Primeiramente, de uma pesquisa realizada no âmbito do Instituto Federal de Educação, Ciência e Tecnologia de São Paulo (IFSP) sobre liberalismo e conservadorismo brasileiros. Essa pesquisa foi transformada em um curso pelo instituto chamado *Estudos críticos sobre o conservadorismo brasileiro*, na qual se procura compreender as raízes históricas, políticas e econômicas da ascensão da extrema-direita brasileira, evidenciando-se os laços com movimentos liberal-conservadores desde a Independência negociada do país. Tanto na pesquisa quanto no curso, uma vez que uma aula é uma construção coletiva e aberta, constatou-se que o bolsonarismo galvaniza uma projeção abertamente violenta da burguesia e da classe média tradicional sobre os dispositivos de controle dos capitais econômico, social e simbólico que subsumem a classe trabalhadora, ainda que eventualmente se expressem em interesses distintos entre os detentores de capital econômico e a classe média tradicional, mais subsumida aos outros tipos de capitais.

Em segundo, nasceu derivado de um incômodo com o andar dos debates sobre antirracismo no Brasil. Tais debates e conclusões levavam à constituição de uma vertente política que compreende o racismo como expressão de uma espécie de deseducação, na qual o branco (burguês e classe média tradicional) seria racista por não ter sido sensibilizado. A sensibilização levaria esses indivíduos a se tornarem em "antirracistas". Essa formação do indivíduo antirracista ocorreria a despeito das condições objetivas do lugar de classe e da posição de classe que o indivíduo ocupa, o que significa transformar segmentos conservadores da sociedade em potenciais "antirracistas".

Dessa forma, grupos, classes e organizações historicamente vinculados a golpes de Estado, políticas regressivas sobre a renda, práticas punitivistas e políticas que garantiram a introdução do racismo institucional nos aparelhos do Estado, que jogaram os negros nas favelas e periferias, matando-os e encarcerando-os, passaram a ser parceiros privilegiados da luta antirracista. Essa perspectiva que reina e grassa nos meios de comunicação, grandes empresas e financistas colide com os resultados obtidos na pesquisa, que concluiu que o racismo contemporâneo enquanto sistema é um instrumento político-econômico positivo para as relações de produção, construído no Brasil justamente pela burguesia e pela classe média tradicional quando da passagem do escravagismo para o assalariamento, sob um processo vigoroso de acumulação primitiva de capitais. A acumulação primitiva foi alcançada justamente em virtude de o Brasil ter sido o último país do planeta a dar fim ao modo de produção escravista, momento do qual havia um grande protagonismo da nascente burguesia de São Paulo e Minas Gerais sobre a movimentação de capitais. Não à toa, os grandes bilionários brasileiros obtiveram os seus capitais iniciais, a sua primeira grande acumulação, com suor e sangue africanos, apesar de se venderem como empreendedores de sucesso ao estilo self-made man. Ou seja, o racismo existe porque se relaciona e se vincula positivamente às relações de produção e às relações de poder.

Ao desvincular o conceito de racismo do liberalismo e do capitalismo, a classe dominante, através dos meios de comunicação, promove uma compreensão segundo a qual o racismo é um ato subjetivo e individual, podendo toda e qualquer pessoa, independente da classe social, ser antirracista. Por outro lado, se o racismo está desvinculado do liberalismo e do capitalismo, o antirracismo se expressa sob mediações do empreendedorismo e da educação, essa circunscrita a Teoria do Capital Humano. Emergem entre as fundações de direito privado, como Fundação Lemann, Fundação Itaú Social, Fundação Open Society e outras, projetos supostamente fundamentados em premissas de uma "educação antirracista", fomentando-se a perspectiva liberal de que a educação resolveria todos os problemas sociais e econômicos, desde que todos tivessem acesso a uma educação gerencialista e empreendedora. Enquanto isso, o arranjo político-institucional que garante a apropriação dos fundos públicos pelos mesmos bilionários continua intocado e intocável, pois essas fundações estabelecem estritamente a identidade como mediação com movimentos sociais e intelectuais negros.

O antirracismo transformou-se em capitalismo, não em anticapitalismo. Pior, o antirracismo passou a ser defendido por organizações que defendem as políticas econômicas aplicadas no governo Bolsonaro, fazendo com que o antirracismo não signifique nem mesmo antifascismo. O antirracismo se transformou em uma coqueluche de grife. O "racismo estrutural" vem se transformando em uma ideia-força segundo a qual o estrutural seria uma espécie de arquétipo cultural que explicaria o racismo individual e o institucional, solapando a forma como o racismo incide sobre as relações de produção, a estrutura econômica.

Contudo, essa viragem não é algo fortuito. O ensaio defende que é um projeto de poder da classe dominante, no qual o racismo, instrumento positivo do modo de produção capitalista, passa a ser tratado como uma efeméride, algo datado em que a responsabilização recai sempre para o passado escravagista, cujo ocaso torna-se dependente das vontades individuais e empresariais. Dessa forma, a exploração e a desigualdade, que são racializadas, em que negros e negras são superexplorados na informalidade e são mais taxados proporcionalmente, deixam de ser objetos do racismo. Em suma, economia política e "reformas estruturais" seriam uma coisa, racismo seria outra, a qual dependeria de o indivíduo ser educado e controlado por uma civilidade consumista que comporte esse "novo ator" e as suas "especificidades".

A mediação é o empreendedorismo, justamente em um momento que a informalidade grassa na classe trabalhadora, notadamente após a Reforma Trabalhista de 2017 e as reformas empreendidas em 2020 por meio de Medidas Provisórias disfarçadas de combate à pandemia, que promoveram a suspensão do contrato de trabalho e a diminuição de jornada e salário à luz do avanço da informalidade e do trabalho intermitente. Como a classe é racializada, em que negros foram posicionados na miserabilidade da classe por meio de políticas de Estado e do capital ao longo do século XX, o empreendedorismo não faz nada mais do que legitimar a construção histórica da classe dominante sobre os trabalhadores negros, dando-lhes uma justificativa individualizante, naturalizante e a-histórica.

Ocorre que o racismo estrutural tem o objetivo de garantir à classe dominante a possibilidade de movimentação de capitais, segundo a lógica imperialista e neocolonialista dos grandes capitais nos séculos XIX e XX. Se todos fossem valorativamente iguais, os capitais simplesmente não se movimentariam. Para a classe média tradicional e segmentos mais bem posicionados da classe trabalhadora, o racismo permite uma menor concorrência para a apropriação de capitais econômico, social, simbólico e cultural. Na formação da classe trabalhadora assalariada, os negros foram impedidos de possuir trabalhos formais, pois, conforme pesquisas contemporâneas, sob a lógica do embranquecimento, os donos de capitais, brancos, empregavam brancos, ou imigrantes empregavam apenas imigrantes, garantindo uma concorrência restrita na formação da classe média brasileira e de segmentos importantes das burguesias regionais.

As proibições também foram de ordem educacional, em que os negros que conseguiam acesso aos grupos escolares tinham a matrícula negada no ginásio e colégio, exceção feita ao apadrinhamento, como demonstrou Roger Bastide e Florestan Fernandes em *Brancos e Negros em São Paulo.*

Mas nada instituiu uma lógica repressiva maior do que o Código Criminal de 1890. O artigo 399º e outros instituíram uma lógica repressiva contra os negros, em que capoeiras e vadios eram presos e o candomblé combatido por delegados e policiais. Se a Emenda XIII nos EUA aboliu a escravidão, com exceção aos prisioneiros, no Brasil o Código Criminal, promulgado antes da Constituição - para se ter em conta a perspectiva repressiva da classe dominante sobre os "libertos" -, instituiu uma reescravização em colônias agrícolas com a mesma lógica da Emenda Constitucional norte-americana.

Essas e outras leis segregacionistas - esse é o termo correto, sabotado em nome da Democracia Racial - foram fundamentais na formação da classe trabalhadora brasileira. E, como demonstra Marx na *Acumulação Primitiva*, toda classe trabalhadora é formada violentamente segundo leis populacionais que objetivam a reprodução da própria classe. Portanto, o racismo contemporâneo não é um simples e mecânico resquício do escravagismo, de um arquétipo que coisificou africanos. Esse é um dado importante, mas não explica o todo. O racismo contemporâneo existe porque cumpre função social positiva no modo de produção capitalista. Se não cumprisse, entraria em desuso ao longo do tempo, o que, segundo os mais recentes dados de violência policial, mortalidade e desigualdade de renda entre raças, não é o caso.

E é o que se objetiva mostrar no ensaio, da forma mais didática e direta possível, de acordo com as limitações do autor. Quais são os interesses políticos de banqueiros em financiar projetos "antirracistas"? Quais são os interesses de bilionários se apresentarem como "antirracistas"? O que objetivam os meios de comunicação ao assumirem demandas da identidade histórica e estética dos negros brasileiros? Essas questões são fundamentais para compreender o contexto político-econômico, inclusive o próprio bolsonarismo e as afinidades e divergências no bloco da classe dominante com ele.

Mas, tão importante quanto as questões acima, é responder a seguinte indagação: quem pode ser antirracista? Todo e qualquer branco pode ser antirracista, independente do lugar e da posição de classe?

O ensaio está dividido em quatro capítulos: o primeiro, intitulado *Do progressivismo cosmopolista ao conservadorismo doméstico*, analisa-se a relação entre nacionalidade e embranquecimento no Brasil, na qual a nacionalidade se fez com uma projeção narcísica e supremacista da classe dominante sobre a classe trabalhadora. Essa projeção faz com que a classe dominante contemporânea assuma posições progressistas quando o caso de racismo vem do estrangeiro e conservadoras quando vem dos rincões do Brasil. Para isso, analisou-se a forma como a mídia e um intelectual trataram os assassinatos de Floyd e de João Pedro – ocorridas em tempos muito próximos – e as suas posições políticas sobre celeuma das estátuas.

O segundo capítulo, chamado *Liberalismo e Racismo*, refere-se à relação entre racialização e liberalismo, demonstrando a forma pela qual o liberalismo construiu a racialização contemporânea no continente americano. Para tanto, buscou-se contextualizar como a racialização no continente europeu decorreu da relação entre liberdade, igualdade e racialização em um estágio do capitalismo de ampla e generalizada disputa neocolonial.

O terceiro, *O racismo estrutural da classe dominante*, estabelece uma tipologia para se analisar as posições políticas sobre o trabalhador negro na sociedade brasileira, procurando responder quem pode ser antirracista. Todo e qualquer branco pode ser antirracista, desde que tenha passado por uma educação antirracista? Burgueses podem ser antirracistas? Se vivemos sob uma econômica rentista, em que trabalhadores negros pagam mais impostos, sobretudo as trabalhadoras negras, qual é a função política que fundações de banqueiros cumprem ao se posicionarem na vanguarda da luta antirracista?

Na última seção, *Como e quem pode ser antirracista?* procura responder quem pode construir uma práxis antirracista e como. Para tentar responder a essa questão, analisa-se a história política do negro cubano ante às experiências americanas mais conhecidas. Objetifica-se tal trajetória por Cuba ter realizado uma inflexão revolucionária que controlou a mobilidade econômica, ao mesmo tempo que apresentou limites políticos para a compreensão do fenômeno racial. Compreender todas as nuanças desse processo político pode ajudar a compreender os alcances e limites dos processos políticos imanentes ao negro brasileiro e aos afro-latino-americanos.

É um ensaio breve e propositivo, feito para os trabalhadores e trabalhadoras lerem nos espaços e tempos possíveis. Espera-se que o texto contribua para o debate sobre a relação entre antirracismo, branquitude e capitalismo.

Por fim, cabe uma explicação para as cartas que compõem o livro. As cartas utilizadas são de crianças e moradores do Complexo da Maré, enviadas ao Tribunal de Justiça do Rio de Janeiro em agosto de 2019, juntamente com mais 1.500 cartas. Os moradores exigiam o retorno da Ação Civil Pública que regulamentava as operações policiais na cidade, suspensa pelo próprio tribunal. Foram enviadas após os assassinatos de seis jovens pela polícia, que cumpria uma promessa de campanha do então governador Wilson Witzel, a de "mirar na cabecinha e... fogo".

Em 2021, após a morte de João Pedro por membros da Polícia Civil e da Polícia Federal, o Superior Tribunal Federal proibiu ações não motivadas na pandemia, devendo o responsável pela operação notificar o Ministério Público Estadual. Os índices de violência e letalidade policial caíram drasticamente nos meses seguintes. Em maio, a Polícia Civil, atrelada ao bolsonarismo, invadiu o Jacarezinho e matou 28 pessoas, com explícitos elementos de execução. Em seguida, o STF julgaria, em plenário virtual, petição do PSB, Defensoria Pública e movimentos sociais que exigia uma proibição mais efetiva, instituição de protocolos e plano de redução da letalidade policial. Alexandre de Moraes pediu vistas, suspendendo a ação, com a alegação de tempo para a reflexão. Em junho, a Polícia Militar matou Kathlen Moraes, grávida de três meses. Uma vítima do tempo. Até 25 de maio de 2022, Cláudio Castro acumulava 39 chacinas e 178 assassinatos, conforme levantamento do Instituto Fogo Cruzado. Até 01 de agosto de 2022, somaram-se as chacinas do Alemão e da Vila Cruzeiro.

As cartas dos moradores da Maré estão arquivadas em processo do Tribunal de Justiça do Rio de Janeiro.

# Do progressivismo cosmopolista ao conservadorismo doméstico

Boa tarde Eu queria que parasse a operação por que
muitas familias ficarão morta e agora eu estou sem
quarto por que você's distruiram na operação todo mundo
na minha escola choraram e meu irmão morreu causa
dos policias e eles Bateram no meu primo então
não quero mais ver minha familia sofrendo
quando você's entra você's avisão to muito alegada
por ler minha carta. asinado Letícia

# 2.

Com o avanço da pauta antirracista no Brasil e no mundo, tornou-se lugar-comum na imprensa brasileira que o planeta seria melhor se os brancos lutassem pelo fim do racismo. Sim, sem dúvida. "Um mundo sem racismo construiria uma sociedade igualitária", dizem os meios de comunicação, colunistas brancos e negros, e a propaganda da Coca-Cola. Mas, calma com o andor que o santo é de barro. A coisa não é tão simples. Se o fosse, seria ótimo. Assim como empregos qualificados não seriam criados se, da noite para o dia, todos passassem a ter doutorado em Harvard, nem depois de uma década – para o desespero dos ainda e cada vez mais raros adeptos da Teoria do Capital Humano –, o racismo não acabaria se todos se apropriassem das benesses de uma "educação antirracista" e passassem a ser "antirracistas".[1]

O pressuposto dessa construção epistemológica é a dissociação do racismo com a sua estrutura socioeconômica por meio de falsificações históricas (científicas), como o apagamento do vínculo histórico do capitalismo e do liberalismo com o fascismo e o racismo. Como resultante, forma-se uma compreensão de racismo que estaria sob a subjetividade do comportamento e do

1 Os dados apresentados no capítulo estão compilados de forma mais aprofundada no livro *O Nascimento da Nação: como o liberalismo produziu o protofascismo brasileiro* (2022). Vols. I e II. São Paulo: Editora IFSP, 2022.

cotidiano, que seria corrigido por uma educação fundamentada na alteridade. Cria-se a perspectiva de que o racismo é um equívoco de um caráter malformado, fruto da ignorância individual, por mais que discursivamente alguns desses defensores não deixem de citar, infelizmente, o já surrado "racismo estrutural". Com uma boa educação antirracista, o indivíduo se tornaria antirracista e estaria propenso a mudar a sociedade. O "estrutural" se transforma precipuamente em uma espécie de arquétipo ou estrutura cultural-cognitiva que perpassaria gerações, modelando comportamentos e práticas sociais. Daquilo que é um elemento que integra as relações político-econômicas, metamorfoseia-se em um objeto que integra estritamente as relações político-culturais, a despeito da conceituação do próprio autor que trouxe recentemente esse conceito à baila.[2]

Essa concepção deweyana e anisiana[3] remonta a uma concepção pedagógica segundo a qual se deposita grande papel transformador à educação. Na Pedagogia, ou nas Ciências da Educação, esse tema está razoavelmente superado desde 1970, quando se consolidou uma literatura científica oriunda da Sociologia da Educação Francesa que constatou o papel reprodutor do sistema de ensino, cujas conclusões foram confirmadas e refinadas nas décadas seguintes, com o avanço da estatística no campo educacional.

---

2 ALMEIDA, Silvio Luiz de. *Racismo Estrutural.* São Paulo: Sueli Carneiro; Pólen, 2019.

3 John Dewey e Anísio Teixeira eram autores de cabeceira de Paulo Freire, principalmente em seu início, podendo-se afirmar que foram autores de formação. Contudo, é importante frisar que Paulo Freire superou tais concepções, criando uma educação popular vinculada a uma luta anticolonial.

As avaliações nacionais propostas por economistas, organismos internacionais e fundações educacionais a partir da década de 1990 acabaram por provar justamente o contrário que pretendiam, especialmente às fundações de bilionários que se encastelam no Ministério da Educação e nas Secretarias Estaduais e Municipais, com o objetivo de vender alguma apostila ou modelo pedagógico como solução em detrimento da crítica ao modelo fiscal sobre o orçamento público do qual lucram. Certa vez, até mesmo o governo tucano, no Estado de São Paulo, admitiu o fator socioeconômico como fator "imponderável" nas avaliações de bonificação de professores, o que o fez criar alguma ponderação cientificamente arbitrária na fórmula matemática de concessão de bônus, outra medida cientificamente arbitrária.

A concepção segundo a qual credita papel transformador à educação foi alcunhada por Demerval Saviani (1987), em *Escola e Democracia*, de *otimismo pedagógico*. Desde então, desconhece-se contestação acadêmica em revistas científicas e espaços de pesquisa de universidades nacionais e internacionais que tenha gerado algum consenso contrário à conclusão da sociologia educacional francesa e da conceituação de Saviani. Depositar papel transformador à educação escolar é uma espécie de terraplanismo da Educação muito caro aos liberais e aos defensores da meritocracia e da mudança gradual, lenta e segura das relações sociais.

O *equívoco* da perspectiva reinante na imprensa de que o racismo é um desvio de caráter (ignorância) se deve a muitos fatores, indo da autopreservação econômica à ignorância científica. Importante ressaltar que a imprensa brasileira deve ser lida como puxadinho panfletário da classe média tradicional, da burguesia e de fundações e organizações internacionais vinculadas à burguesia *clean* norte-americana, encastelada no Partido Democrata; no caso brasileiro, a fração dependerá do jornal, da rádio e da TV, conforme os critérios privados das concessões públicas. O racismo como elemento desviante do caráter universal do ser humano é uma válvula de escape político do racismo como elemento superestruturante do modo de produção capitalista, pois objetua a cognição média do brasileiro em detrimento da objetuação dos mecanismos econômicos, institucionais e políticos (poder), transformando o racismo em uma abstração estritamente comportamental. Surge um novo imperativo categórico em meio ao esforço de criar a estrutura cognitiva que o comporte, desprovido da crítica à racialização das relações de produção.

A formação da classe trabalhadora brasileira foi produzida por meio de Políticas de Estado gestadas pela elite escravocrata e republicana, permitindo uma alta acumulação primitiva com a utilização de africanos escravizados e acumulação ampliada com assalariados europeus, quando da substituição do negro pelo branco a partir das políticas de embranquecimento e de segregação. A racialização da classe trabalhadora brasileira foi o fator sobredeterminante à classe e às relações de produção, em que a miserabilidade posicionada aos negros e a estrutura reprodutiva do assalariamento e dos capitais condicionada à branquitude permitiram aos brancos (brasileiros e europeus), *in potencia* e *in acto*, a ascensão à classe média e à nascente burguesia e às suas frações.

Toda a formação da classe trabalhadora no modo de produção capitalista é conservadora, o que, por sua vez, dá forma ao perfil conservador da classe média tradicional e da burguesia. A formação da classe trabalhadora se deu justamente no processo de refinamento do que se convencionou compreender como nacionalidade brasileira, mais especificamente entre a defesa da manutenção do escravagismo e a substituição do negro pelo branco para o assalariamento. A formação do Estado e da sociedade brasileiros se deu de forma semelhante à formação dos outros Estados-Nação, a partir da necessidade de se formar uma composição racial homogênea de forma semelhante aos Estados-Nação europeus, notadamente os tardios, como a Itália e a Alemanha. A composição racial homogênea permitia a inserção da Nação na disputa pelo legado civilizatório, em que, quanto mais branco, mais civilizado e apto ao desenvolvimento e ao fardo de subordinar os não civilizados. Essa subordinação, por óbvio, foi e é uma ótima oportunidade de negócios às empresas e aos capitais civilizados.

Nos países latino-americanos, as teorias de superioridade racial não serviram para subordinar outros povos, mas o próprio. Para a entrada da burguesia nacional latino-americana na civilização, havia a necessidade de depuração higiênica de sua composição racial, da heterogeneidade à homogeneidade. Leis de proibição de imigração de negros, constituição de sistemas legal e prisional específicos, ações que resultaram em mortes e genocídios de negros e nativos, e campanhas de esterilização pulularam em todo o continente, com grande protagonismo ao Brasil. As teorias da racialização estabeleciam uma gradação racial que cimentou a criação dos Estados-Nação latino-americanos, em que os negros e os nativos eram intelectualmente inferiores e os brancos superiores. Portanto, se para os europeus as teorias racializadas justificaram a exploração da África e da Ásia após o fim do tráfico de escravizados, tornando os dois continentes portos para capitais ávidos pela exploração escravizada, nos países latino-americanos serviram para a higienização do povo pela elite, embranquecendo, ou melhor, *desenegrecendo* a raça e o comportamento nacionais. O enegrecimento ou o denigrescimento, de denegrir, tornaram-se a idealização social não-idealizável. Disso se segue que a gênese da burguesia e classe média tradicional brasileiras (elite) é anti-povo, pois se constituíram em uma batalha pela eliminação do indesejado, tal qual os nazistas para com os judeus e os eslavos.

O nazismo e o fascismo são a expressão política e radical do liberalismo e do ultraliberalismo na formação social alemã e italiana no fim do século XIX e começo do século XX, quando da exportação de capitais europeus ao continente africano e asiático, transformando-se rapidamente em um conflito intracontinental diante do acirramento e esgotamento das disputas intercontinentais entre nações europeias. Por isso o fascismo, sobretudo, nunca morre, pois se expressa como determinante do acirramento da exploração a partir de crises em que o ultraliberalismo é o vértice central da sociabilidade, como no neoliberalismo.

Em determinados contextos e conjunturas, a exploração e reformas liberais só podem ser realizadas sobre a universalização e generalização da violência. Assim sendo, Integralismo não foi uma exportação exógena à formação social brasileira; ao contrário, foi uma das formas pelas quais o liberalismo se forjou enquanto vértice central da sociabilidade, dentre muitas outras, como no Estado Novo e na Ditadura Civil-Militar. A internalização das teorias da racialização, pelo Brasil e pelos demais países latino-americanos, materializou Políticas de Estado coadunadas com o avanço de políticas específicas no continente europeu que resultariam no fascismo e no nazismo. Os negros e nativos brasileiros e latino-americanos estão em uma Guerra Mundial iniciada no fim do escravagismo que não acabou! Por isso, a preparação do negro e do nativo deve ser para a guerra.

O Brasil construiu políticas específicas de segregação, como o Código Criminal de 1890, o qual encarcerava especificamente negros (capoeiras e vadios). Assim como os EUA, o Brasil destinou aos negros locais específicos de moradia que, em virtude da miserabilização da desigualdade latino-americana, comportou uma minoria branca de trabalhadores em seu início, alargando-se com o "crescimento milagroso" na Ditadura. Encarcerou e matou quanto pôde, e dirigiu os negros a ocupações específicas à luz do sistema de apadrinhamento, como discorreu Roger Bastide e Florestan Fernandes.[4] Lógico que há diferenças sub-reptícias entre os racismos nacionais no continente americano, mas, a despeito da autoprojeção da burguesia brasileira, tem mais semelhanças do que diferenças, pois as determinações históricas, econômicas e sociais são inexoravelmente as mesmas. "Se há repressão a protestos de negros brasileiros favelados após o assassinato e tortura de um negro por um policial, jamais podem ser equiparados aos protestos de negros norte-americanos guetizados após o assassinato de um negro por um policial", dizem a classe média e a burguesia por meio dos seus panfletos jornalísticos.

Thomas Skidmore (1976), em *Preto no Branco: raça e nacionalidade no pensamento brasileiro*, analisou rapidamente o impacto ideológico de *Casa Grande e Senzala* nos Estados Unidos. Um dos achados da análise foi o de revelar como a obra de Freyre ajudou a criar a ideia entre os acadêmicos norte-americanos de que o escravagismo norte-americano teria sido mais cruel e violento do que o escravagismo brasileiro. Décadas depois, pesquisas e números registram o contrário: o comércio de africanos foi tão pujante no Brasil que a vida do africano

4 Ver Capítulo 5 de *Brancos e Negros em São Paulo* (2008).

abrasileirado tinha menos valor e expectativa do que a vida do africano norte-americanizado. Era substituído com facilidade ímpar se comparado aos outros escravagismos americanos, graças aos traficantes cariocas, que estendiam a sua rede mercantil pelo continente africano.

Dados do tráfico de africanos compilados pela Universidade de Emory (EUA) registram que, de 1826 a 1850 (24 anos), chegaram aos portos brasileiros 1.299.969 africanos, enquanto aos portos norte-americanos, de 1626 a 1875 (249 anos), 305.326 africanos. Como lembra Robert Conrad (1978) em *Os últimos anos da escravatura no Brasil: 1850-1888*, com dados levemente distintos mas tendencialmente iguais, o Brasil traficou entre 1800 a 1850 aproximadamente 1.600.000 africanos e registrou 1.540.829 africanos escravizados em 1871, enquanto o vizinho do norte teria comprado 700 mil africanos e registrou, em 1860, algo em torno de 4.000.000 de descendentes de africanos. Se se levar em consideração a proporção de traficados por ano, os EUA importaram 1.226 africanos por ano, enquanto o Brasil traficou 54.126 por ano. Se os EUA tivessem traficado a sua média nos 24 anos que o Brasil chegou a esse impressionante dado, teriam sido 29.424 africanos no total. Se o Brasil tivesse traficado a sua média nos 249 anos do período norte-americano, teria trazido ao país impressionantes 13.487.085 africanos. Ou seja, para cada africano trazido à força nos EUA, o Brasil trouxe 44 nos períodos estabelecidos.

Demograficamente, a população negra dos EUA aumentou 1.310%; já a população negra brasileira, ante a quantidade de africanos trazidos, diminuiu 62%. Se se aplicar a projeção de crescimento populacional dos negros dos EUA sobre a quantidade inicial brasileira,[5] em 1871 chegaríamos ao dado de 52.400.000 de negros no país.[6] Se for feito o contrário, aplicar a projeção brasileira sobre a quantidade inicial norte-americana, os negros norte-americanos teriam diminuído para 116.023. Uma diferença enorme de natalidade e mortalidade, em que o Brasil registrou retração demográfica de africanos e seus descendentes. Nem sempre a estatística é a arte de provar o que quer com os números. Não à toa, não se vê conservadores se utilizando de números para provar que o escravagismo teria sido harmonioso. Costuma ser somente com a retórica vazia.

A ironia – e ao mesmo tempo um dado – é que a verdade veio por meio de alguns poucos brasileiros (Clóvis Moura, Abdias do Nascimento, Florestan Fernandes e Jacob Gorender), um francês (Roger Bastide) e uma penca de norte-americanos (os brasilianistas), os quais, por sinal, fizeram os melhores trabalhos historiográficos que enterraram o mito da Democracia Racial, o que é, no mínimo, constrangedor. Mas, às vezes, é preciso uma pessoa de fora para proporcionar uma visão desinstitucionalizada e desnaturalizada sobre aquilo que foi institucionalizado e naturalizado. O problema é que quando são muitas e reiteradas vezes, a ponto de revelar uma desproporção constrangedora, expressa alguma coisa que estava (e

---

5 Foram trazidos aproximadamente 5 milhões de africanos. Contudo, utilizamos o dado de 4 milhões por se referenciar, de forma conservadora, ao banco de dados da Universidade de Emory. Cumpre constatar que, segundo Manolo Florentino, aproximadamente 80% do tráfico foi de responsabilidade de traficantes brasileiros, sobretudo cariocas. FLORENTINO, Manolo. *Em costas negras:* uma história do tráfico de escravos entre a África e o Rio de Janeiro (Séculos XVIII e XIX). São Paulo: Editora UNESP, 2014.

6 Por óbvio, se aproximar aos 5 milhões (somando-se a quantidade de traficados por portugueses e brasileiros), seriam 65,5 milhões de africanos em 1871 com a projeção de crescimento demográfico norte-americano (1.310%).

está) no subterrâneo, inclusive nos espaços que deveriam ser o da produção científica.

Os dados não dão margem para dúvidas: a mortalidade no Brasil foi maior do que nos EUA. O mito da Democracia Racial serviu para escamotear a realidade e os dados estatísticos em nome da literatura adocicada; serviu para jogar para o esquecimento todas as práticas racistas e racializadas do Estado brasileiro na República Velha, pós-Revolução de 1930, Estado Novo, Ditadura Civil-Militar e Nova República. Da prisão de capoeiras e vadios, criminalização religiosa e redução da maioridade penal para nove anos no Código Criminal de 1890, dois anos depois da abolição (medo branco), introduzindo e desenvolvendo a Doutrina da limpeza social e do embranquecimento nas instituições republicanas (Política de Estado), aos destacamentos militares de intervenção territorial e grupos de extermínio na Ditadura Civil-Militar, com base na Doutrina da Guerra contra as Drogas, criada pelos Estados Unidos justamente em meio à luta dos direitos civis dos negros. Os destacamentos militares oficiais e os grupos de extermínio cresceram sob os olhos lacrimosos e protetivos da classe média tradicional até se transformarem em destacamentos paramilitares de direita e em grupos políticos profissionalizados (chamados de milícias). Na primeira doutrina, há a crença que se criaria uma sociedade urbana e desenvolvida somente sem os negros, classificados como elementos fáticos e materiais da persistência do racismo que, uma vez extintos, solaparia o próprio racismo (sic!). Na segunda doutrina, se não extintos, controlados por meio da força não mais policial em sentido lato, mas militar, o que consiste na introdução do ideário militar de intervenção sobre os espaços dos trabalhadores negros, transformados em territórios de intervenção de guerra contínua para a proteção dos bairros da classe média e da burguesia.

Contudo, a despeito da visão romantizada e adocicada ter sido cientificamente demolida, o mito da Democracia Racial sobrevive em meio ao avanço explícito das práticas racistas das instituições brasileiras. É o caso do tratamento dado aos assassinatos de João Pedro e de George Floyd. Enquanto para João Pedro as manchetes e os conteúdos foram algo como "João Pedro foi morto por policiais", inexistindo praticamente as palavras racismo e negro em quase todos os textos, de todos os meios de comunicação (quando houve, foi por meio de entrevista), para Floyd a associação foi imediata.

"Quem era o americano negro", "morte de homem negro", "quem era o americano negro morto", "protestos pela morte de homem negro", "Minneapolis declara estado de emergência por protestos contra o racismo policial", "polícia de Minneapolis, acusada de racismo, enfrenta a ira da cidade após morte de negro" são manchetes retiradas dos principais meios impressos e virtuais de comunicação do país nas primeiras semanas após ao assassinato. Mas, por que a diferença de tratamento? Por que para os casos brasileiros a relação é tratada com certo distanciamento positivista e nos casos norte-americanos com engajamento racial? Por que negar a classificação *negro* a João Pedro? Qual é a função social dessa negação? Aqui, temos um constructo freyriano, uma autoprojeção da Casa Grande das famílias Marinho, Mesquita, Frias, Santos, Macedo, Saad e afins sobre si mesmas.

De início, é um negacionismo que, em essência, não possui grandes diferenças com o negacionismo bolsonarista. Tanto a imprensa e seus donos, parte do objeto do texto, quanto as demais instituições republicanas, admitem implicitamente a ideia de que favelados sejam mortos pela polícia, como se evidencia em seus programas policiais e em filmagem de operações militares em favelas, mas não aceita como dado a denunciação de que sejam negros. A mídia reverbera o racismo da polícia norte-americana, mas se silencia sobre o racismo da polícia brasileira, ou quando não se silencia, ameniza-o. Enquanto trataram o assassinato de Floyd como racismo, trataram o assassinato de João Pedro como uma operação violenta que deu errado de uma guerra necessária, mesmo em meio à pandemia.

A negação do racismo no Brasil cumpre a função de positivar o racismo como instrumento de dominação de grupos socialmente privilegiados da classe dominante, como a classe média que consegue ser antirracista no caso Floyd por ser *cool*, mas não deixa de ter uma empregada doméstica negra para chamar de "sua amiga", às vezes em meio à mesma pandemia das operações policiais necessárias que deram errado por não terem seguido *protocolos*. Outras vezes, o *cool* se perde em meio à impaciência e ao desdém pelo filho da "amiga" entre um corte de unhas e um elevador.

O fato é que temos com Floyd e João Pedro a reprodução do mito da Democracia Racial, principalmente por aqueles que se propõem discursivamente a negá-la, pois o mito é o meio pelo qual se reproduz ideologicamente a relação de dominação e exploração, em que aos negros são relegadas as posições de superexploração e miserabilidade. Se é antirracista com os outros, jamais consigo e com a sociedade em que vive, pois tal explicitação forçaria a classe média *cool* a expor as relações de dominação e exploração que participa e detém inúmeras vantagens, como a de não sofrer operações "equivocadas" em condomínios e prédios em que o comércio de drogas ilícitas de alto valor grassa.

Essa distinção estruturou um projeto de lei proposto em 1921, o qual impunha a proibição da entrada de negros no Brasil diante da notícia de que uma empresa, a *Brazilian-American Colonization Syndicate*, abriria uma colonização de negros norte-americanos em Mato Grosso. O argumento consensuado entre aqueles que defendiam o projeto e aqueles que defendiam, mas achavam que internacionalmente pegava mal à imagem do país, foi o de que os negros norte-americanos trariam, na bagagem, além das roupas, o racismo de uma sociedade racista para uma sociedade que não era mais racista, importando o "ódio aos brancos". Além da utilização do sistema freyriano antes de Freyre, pesou tanto quanto o entendimento de que importar negros enegreceria uma sociedade que caminhava para o embranquecimento. Sobrou para a diplomacia brasileira dar a negativa individualmente, que coincidentemente nunca ocorria para brancos europeus. Tudo na conta da isenção dos protocolos! Qual foi mesmo o resultado das investigações das corregedorias das Polícias Civil e Federal para o caso João Pedro?

No cerne da formação do Estado-Nação brasileiro está a defesa de uma ascendência genética e histórica europeia que ligaria a elite à gênese da superioridade civilizatória. A essa elite caberia o papel de civilizar o povo, embranquecendo-o, a fim de ligar o país à civilização superior. Portanto, o Estado-Nação brasileiro é antipopular, antinegro e antinativo. Para os seus formuladores, a elite escravocrata e cafeicultora paulista, os industriais, banqueiros e seus intelectuais nas décadas seguintes, não haveria desenvolvimento nos moldes europeus com o povo brasileiro, com negros e nativos andando em cidades que reproduziam arquitetonicamente Paris. E mesmo décadas depois, é o ardil civilizatório da elite e de seus intelectuais, como se viu na discussão que segmentos sociais da classe média tradicional se propuseram a fazer sobre as estátuas.

Por mais que seja um assunto importante, está longe de ser um centro imediato e estratégico ante ao genocídio e ao aumento da exploração e da desigualdade. Mas discutamos para entendermos o discurso do branco sobre o branco. Laurentino Gomes, grande divulgador historiográfico, gerou uma pequena polêmica à época quando das iniciativas de se retirar, derrubar ou vandalizar a estátua de Borba Gato. Ele é um bom exemplo da dificuldade do branco de desmembrar a história em uma análise, pois parte dessa dificuldade está na correspondência entre o Eu e a história construída.

A ideologia da Democracia Racial tem as suas sutilezas, dentre elas, a de negar a existência do racismo em minudências que, quando vistas em contextos de outros países, são vistas como racismo. Quando da derrubada da estátua de Edward Colston, Laurentino disse que a sua derrubada corrigiu uma "injustiça histórica", pois Colston fora um dos maiores traficantes de escravizados na Europa. Ele explicou que Colston foi acionista da *Royal Adventure into Africa*, empresa que transportou 80 mil escravizados, cifra pequena comparada com a dos traficantes cariocas entre as décadas de 1820 e 1850, cujos descendentes compõem a burguesia carioca.

A derrubada de estátuas impôs, como aconteceu com Floyd, uma discussão no Brasil. Como disse, o Brasil discute racismo mediado pelo outro, jamais por si. João Pedro foi enquadrado como racismo após o assassinato de Floyd, ou melhor, João Pedro foi enquadrado politicamente como racismo – jamais será criminalmente – graças a Floyd. Floyd também impôs o racismo a Miguel. A perda das vidas de João Pedro e Miguel, por si, jamais imporia esse debate. O mesmo aconteceu com as estátuas e depois, em diferentes graus, com João Alberto, os executados no Jacarezinho, São Gonçalo, Vila Cruzeiro e Alemão, assim como Kathlen Romeu e Genivaldo, asfixiado em um camburão da Polícia Rodoviária Federal, uma guarda pretoriana de Bolsonaro. As execuções anteriores, como a de Evaldo dos Santos, músico executado pelo exército, e Ágatha Félix, menina executada por um policial, não obtiveram a classificação.

Ocorre que a derrubada das estátuas não se propõe a debater a derrubada das estátuas, mas o que Machado de Assis chamou de "instinto de nacionalidade". As estátuas representam, de maneira geral, o conteúdo e a forma da construção de uma nação. Estátuas não são museus. Dentro de museus, assumem um significado; na rua, assumem outro. E, assim como a História é contada pelos vencedores, a construção da Nação é arquitetada e modelada também pelos vencedores. Os trabalhadores, os vencidos, a constroem com as mãos, mas a arquitetura e a engenharia do "instinto de nacionalidade" oficial pertencem às classes dominantes.

Portanto, a derrubada das estátuas representa uma espécie de viragem política e epistemológica na construção das nacionalidades. Por que foram e são considerados heróis? Pergunta justa! Mas tem uma que é tão mais necessária que deve ser vista como a Caixa de Pandora: quem os considerou heróis e por quê? Essa é a pergunta de ouro! Se a História não é isenta, a nacionalidade, que não possui nem mesmo uma mesa avaliadora de teses e artigos para revistas cientificas, também não o é. É um palco aberto de batalhas e guerras. E, como a composição étnica dos ingleses mudou radicalmente, faz sentido que o prefeito inglês de origem jamaicana não veja a estátua de Colston com bons olhos. O "instinto de nacionalidade" inglês mudou! Ao que tudo indica, o brasileiro também, o que explica o mal-estar conservador traduzido por "marxismo cultural". Laurentino e os liberais talvez não concordem, mas é o que chamamos de "luta de classes".

Sobre Colston, Laurentino acertou, como estamos a constatar. A "injustiça histórica" revelou que Laurentino compreendeu que a nacionalidade é um produto da História, longe de ser um Ser petrificado, como gostaria todo e qualquer conservador. Mas o Brasil tem tradição de criar progressistas internacionais e conservadores domésticos. Como parte dos debates no Brasil é pautada pela importação de política e vinhos, muitos assumem a aura de progressistas. Mas as estátuas derrubadas destroem mitos. Ora o bronze como matéria resistente, ora os seus significados perdidos em seus fragmentos.

As estátuas derrubadas de confederados, escravocratas, traficantes e genocidas, como Leopoldo II, serviram de debate para as estátuas brasileiras. A rediscussão sobre a nacionalidade a partir dos heróis escolhidos em outros países permitiu que no Brasil os heróis imortalizados em estátuas servissem para uma discussão ainda subterrânea sobre a nacionalidade. É aí quem é progressista com a nacionalidade dos outros se transforma em conservador com a nacionalidade tupiniquim, como explicitou o Jornal Nacional no dia 21 de novembro de 2020, chamando os manifestantes de "vândalos" quanto aos atos contra o Carrefour pelo assassinato de João Alberto, sendo que o mesmo termo não foi usado quando Minneapolis foi literalmente queimada. É o limite da classe dominante: abaixo-assinados, sim! Prateleiras queimadas, não!

O estado de São Paulo, diferente de alguns outros estados, possui uma construção específica da nacionalidade que liga os paulistas a um passado remoto. Em São Paulo, praticamente não há outra representação oficial que não seja a dos bandeirantes. Todos os heróis das revoltas nas senzalas, entre 1880 e 1888, no estado que concentrava boa parte dos escravizados no país, estão plasmados somente em livros acadêmicos de História, e de forma ainda residual. Até mesmo uma tentativa de mudar o nome da estação da Liberdade para estação Japão já foi aventada. Assim sendo, os nomes oficialmente defendidos como símbolos do "instinto de nacionalidade" são os bandeirantes. O principal monumento desse "instinto" é o do Borba Gato, inaugurado em 1963, dois a três séculos depois dos bandeirantes.

Diferentemente de Colston, Laurentino se opôs à retirada ou derrubada da estátua de Borba Gato (o que é um acerto sociológico de Laurentino sobre Laurentino e o seu segmento social). Ele alegou ser "patrimônio histórico", devendo ser preservado como objeto de estudo e reflexão. Em seguida narrou fatos da vida de Borba Gato, como a fortuna que fez em virtude da "caça de indígenas para escravizar". Era um "fugitivo da lei". Obteve perdão da Coroa Portuguesa por ter dado a localização de minas, onde se refugiara por ter matado Rodrigo de Castelo. Ele termina os seus tuites afirmando que a estátua deveria ficar para "as pessoas" saberem quem foi "e como foi parar no panteão dos heróis nacionais". Lógico que tuites são muitos difíceis de analisar, mas como a repercussão foi grande, e como no início dos tuites o autor se declara taxativamente contra a derrubada, o fim razoavelmente obtuso expressa que a relação entre estátua e história não foi bem apreendida. Ou foi!

Façamos o exercício proposto por Laurentino. Vamos ver por que Borba Gato se tornou herói no panteão nacional. Façamos a pergunta: Quem o considerou herói e por quê? Até o fim do século XIX, os bandeirantes eram personagens esquecidos. Não há vultuosos registros de congressistas no Brasil Imperial citando bandeirantes. Não há registros volumosos de artigos na imprensa brasileira e paulista laureando os bandeirantes. Embora a nacionalidade seja uma construção do século XIX, o panteão dos heróis nacionais é uma obra da elite no começo do século XX. O resultado dessa construção foi uma nacionalidade que reproduziu o embranquecimento, em que o Brasil teria um passado mitificado pela relação harmoniosa entre escravizado e proprietário, e a ascensão de desbravadores brancos que seriam a gênese da verve paulista.

Mas quem escolheu Borba Gato, Jorge Velho e outros? Os paulistas! Mas não o povo, óbvio, muito menos os negros e os nativos, óbvio. Quando da transformação de São Paulo, a cidade, em um centro urbano e industrial, as elites paulistanas criaram, de forma para lá de arbitrária – cafeicultor escravocrata e ex-escravocrata, como a *Província de São Paulo* (Júlio de Mesquita), não eram historiadores, como Laurentino deve saber –, a ideia de que a origem do progresso estava no suposto passado bandeirante de todos. Esse tipo de construção permitia que se deduzisse que os paulistas fossem naturalmente superiores, pois o desenvolvimento paulista era um dado histórico de uma espécie de Espírito Absoluto iniciado pelos bandeirantes.

Tal construção passou a se dar pelo destemor dos bandeirantes, na qual a elite paulista teria no sangue os sentimentos dos desbravadores, como se fosse transmissão genética. Isso porque a elite estava submetida e era árdua defensora do cientificismo, tornando-se a maior "importadora" de mão de obra branca, com o objetivo de se verem livres da "inferioridade negra". Os bandeirantes se encaixam em uma representação genético-histórica que a elite paulista fez de si mesma em meio às políticas de embranquecimento e de higienismo (melhoramento da raça).

Essa construção resultaria em um movimento político chamado *A Comunhão Paulista*. Em 1922, Júlio de Mesquita Filho, proprietário do jornal *O Estado de São Paulo*, antigo jornal escravagista *A Província de São Paulo*, fundado por seu pai, publicou um artigo na *Revista do Brasil* com o título homônimo ao movimento. O texto explora o mito dos bandeirantes e a ligação histórica entre eles e os paulistas de 1920, restando a estes serem o fio condutor da nacionalidade brasileira e responsáveis, enquanto elite, de guiar a nação ao desenvolvimento urbano nos moldes europeus. Para ele, não poderia "negar-se visão política aos paulistas dos primeiros séculos que, aos domínios da coroa, reconhecidos pelo Tratado de Tordesilhas, juntaram área cinco vezes superior àqueles".[7] O Sul e o atual Mato Grosso também seriam resultados do trabalho dos paulistas. Vitor Nunes Leal (2012), em *Coronelismo, Enxada e Voto*, fez brilhante análise sobre a forma como a coroa imperial representou a unidade territorial sobre o escravagismo, e que esse fator foi o determinante para a extensão e a unidade territorial. Assim sendo, a supressão das revoltas regenciais e a manutenção do escravagismo foram os elementos responsáveis. Mas, para a elite paulista, os paulistas seriam a gênese e a completude do nacionalismo em ação "disciplinada e quase consciente". Júlio de Mesquita Filho, que apoiaria o Golpe Militar de 1964, publicando duas semanas depois do 31 de março um texto intitulado *Roteiro da Revolução*, escrevera a seguinte pérola em 1922:

> A realização deste legado do passado há de, por força, mobilizar-lhe todas as regiões.
> (...) Somos fortes, somos ainda dignos do passado das bandeiras, justamente porque às enganosas vitórias da política militante, sabemos ainda preferir as rudes vitórias que pontilham a história da nossa evolução. As sadias emoções da vida livre da lavoura, das tentativas audaciosas de que todos os dias temos notícias, empolgam a visão segura e afoita do paulista, desviando-o da estagnação acabrunhadoramente

7 FILHO, Júlio de Mesquita. A comunhão paulista. *Revista do Brasil*, 1922, ano VII, v. XXI, nº 84.

> niveladora dos nossos partidos políticos. Nos momentos capitães da história nacional, de São Paulo sempre partiu a palavra que haveria de decidir dos destinos da nacionalidade. José Bonifácio e Feijó – o mais paulista de todos os paulistas – arcam os dois grandes ciclos da evolução nacional.

Mas essa construção estava longe de pertencer a todos. Os negros estavam fora, segundo o magnata do *O Estado de São Paulo*, pois a estabilidade social e política fora rompida quando "entrou a circular no sistema arterial do nosso organismo político a massa impura e formidável de 2 milhões de negros subitamente investidos das prerrogativas constitucionais".[8] O grupo do *O Estado* passou a dirigir a burguesia paulista após a Revolução de 1930. Em 1934, criou a sua universidade, fruto de acordo com Vargas intermediado por Armando de Sales Oliveira, interventor escolhido pelo próprio grupo. As obras sobre o mito aumentaram, como *O trem corre para o Oeste*, de Fernando de Azevedo, em que se estabelece uma mitologia de bravura entre os bandeirantes, os imigrantes e a expansão ferroviária. Não se pode esquecer que o grupo tinha publicado *Os Sertões*, uma descrição racializada do povo nordestino; tinha o eugenista Monteiro Lobato orbitando – defensor da Ku Klux Klan –, e realizara um *Inquérito da Instrução Pública*, em 1926, cuja conclusão foi a de construir um sistema de ensino aligeirado e técnico para os trabalhadores e formativo-elitista para a classe média e a burguesia.

O mito paulista é tão importante que está no ato de fundação da própria Universidade de São Paulo (USP), no Decreto-Lei n. 6.283/34:

---

8 FILHO, Júlio de Mesquita. A crise nacional. In: CARDOSO, Irene. *A Universidade da Comunhão Paulista (o projeto de criação da Universidade de São Paulo)*. São Paulo: Editora Autores Associados/Cortez Editora, 1982, p. 34.

> - considerando que a formação das classes dirigentes, mormente em países de populações heterogêneas e costumes diversos, está condicionada à organização de um aparelho cultural e universitário, que ofereça oportunidade a todos e processe a seleção dos mais capazes;
> - considerando que, em face do grau de cultura já atingido pelo Estado de São Paulo, com Escolas, Faculdades, Institutos, de formação profissional e de investigação científica, é necessário e oportuno elevar a um nível universitário a preparação do homem, do profissional e do cidadão.

No livro *A Universidade Mercantil: a relação entre universidade pública e capital privado* (2019), fruto da minha tese de doutorado, concluí, como muitos que estudam esse momento histórico, que a construção da narrativa da superioridade dos paulistas se fundamentou na República de Platão, em que caberia aos brancos da elite paulista a direção e a decisão dos rumos da Nação como se fossem os filósofos da pólis.[9] Apenas faria uma correção ao que escrevi no livro: a formação da elite paulista e a construção do mito bandeirante é a síntese da Ideologia do Embranquecimento, do Supremacismo. É uma teoria da superioridade racial e uma justificativa da hegemonia paulista sobre as outras elites regionais.

A ascensão dos bandeirantes deve-se a um processo semelhante de ascensão dos farroupilhas em Porto Alegre na década de 1930, que, em 1835, combateu os farroupilhas. Assim como os farroupilhas foram alçados para ligar os sul-rio-grandenses a um passado mitificado, dando-lhes superioridade,

9 Para ver uma análise detalhada sobre a relação entre Comunhão Paulista e a USP, criada para formar a elite paulista que guiaria a Nação, recomenda-se a leitura de Irene Cardoso, *A Universidade da Comunhão Paulista*, um clássico da História da Educação.

os paulistas fizeram o mesmo. E era o comum da época, pois todo Estado-Nação formado no século XIX tem uma dimensão racial, como mostram Alemanha, os Estados Unidos e o próprio Brasil. É o papel que o germanismo cumpriu para o nazismo e o mito dos peregrinos escolhidos para os norte-americanos brancos. Portanto, queimar ou não estátuas é uma disputa de projeto de poder, pois as estátuas, sobretudo do Borba Gato, representam um projeto de poder. Borba Gato também é uma representação racializada e neocolonial.

No dia 24 de julho de 2021, a estátua foi queimada por um Coletivo denominado *Revolução Periférica*, causando grande impacto na população e nos meios de comunicação. Os meios de comunicação admitiram o debate, denunciando, obviamente, "o vandalismo", o que não fora feito com as estátuas de outros países. Paulo Galo, liderança popular dos entregadores antifascistas, foi preso junto com Géssica, sua companheira. Ela foi solta logo em seguida. O Tribunal de Justiça o prendeu, com prorrogação, alegando que continuaria preso em virtude de não "fornecer" as "qualificações" dos "demais envolvidos", fazendo-se "necessária a segregação cautelar do investigado PAULO a fim de preservar o andamento das investigações". Ou seja, desde que delate. A tortura, explicitada em decisão judicial do desembargador Walter da Silva, da 14ª Câmara do Tribunal de Justiça de São Paulo, demonstra que o símbolo tem a sua relevância para a classe que o construiu.

Dada a explicação, resta concluir que a estátua do Borba Gato representa a mitificação da elite paulista sobre si mesma, sem qualquer respaldo científico. Não é possível ligar os bandeirantes a ninguém, seja geneticamente ou historicamente. A ideia de ligá-los à elite paulista deve-se a ideia de que ela seria a herdeira dos supostos fundadores e demarcadores fronteiriços da Nação. São momentos, modos de produção e formações sociais completamente diferentes, além do dado sobre a fundação e das fronteiras ser falso. A mitificação feita reproduzia o ideário racista que desembocou no fascismo e no nazismo, fincada em uma gradação racial. É um racismo neocolonial introjetado no Brasil por meio de sua elite da época contra parte do povo brasileiro. Por fim, representava o ideal de embranquecimento da população brasileira, feito por meio da criação dos heróis nacionais e consubstanciado por Políticas de Estado, como a proibição de imigração de asiáticos e africanos, de negros de outros continentes, e da criminalização da vadiagem e dos capoeira, transformando o sistema prisional em espécie de depósitos de negros, aproximadamente como em outros países americanos, especialmente nos EUA. Sim, não gostam de se comparar a essa parte com os norte-americanos. Todos sabem. Mas até isso é uma construção histórica da Ideologia da Democracia Racial. Resta saber como se apreende os motivos de Borba Gato ter sido colocado no "panteão dos heróis" por meio de uma estátua em um pequeno espaço sitiado por carros, caso se leve a sério o argumento de Laurentino. Afinal, para ele, o grupo *Revolução Periférica* nada mais seria do que "um grupo de garotos insuflados pelas redes sociais",[10] que derrubam "estátuas de forma arbitrária". Ou seja, seria um grupo obscurantista, longe da *Aufklärung* da elite *pensante* que decide, não arbitrariamente, quais deverão ser construídas e quais deverão ser preservadas.

---

10 GOMES, Laurentino. Entrevista. *Roda Viva: TV Cultura - Fundação Padre Anchieta*, 19, jul. 2021. Disponível em:< https://www.youtube.com/watch?v=UcQp1infYyg>. Acesso em: 20 de out. de 2021.

# Liberalismo e racismo

Exelêntíssima juíza, quando a ação civil pública é suspença, pra nós moradores da maré é significado de violência porque o que acontece aqui são mortes, medo, terror falta de aulas. É como se a senhonhora validasse todo esse horror.

O caveirão quando entra aqui é pra nos matar. Ele não entra aqui pra fazer uma simplis intervenção. O estado mata sonhos, mata vidas, mata o futuro de pessoas que um dia poderia estar no lugar da Senhora juíza.

# 3.

Em 2020, o mundo ocidental passou por um pequeno turbilhão político-cultural em que alguns símbolos foram atropelados. De uma hora para outra, chegou à mídia temas como racismo estrutural e genocídio negro em meio a uma pandemia devastadora, sobretudo aos negros. Iniciou-se por uma mediação historicamente conhecida no Brasil e que não se pode cansar de repeti-la, pois é a típica mediação que se denuncia: a discussão do racismo por meio de fatos internacionalizados, pois a dedução de que existe racismo no país nunca foi aceita pelas classes dominantes e pela classe média tradicional, assim como por parte dos trabalhadores brancos. A título de exemplo, ao longo de todo o século XX, o racismo foi discutido de forma *ampla* apenas duas vezes no Congresso Nacional.

A primeira, já falada, foi por meio de um projeto de lei proposto em 1921, o qual propunha a proibição da entrada de negros no Brasil diante da notícia de que a empresa *Brazilian-American Colonization Syndicate* abriria uma colonização de negros norte-americanos em Mato Grosso. A segunda foi quando da elaboração, discussão e promulgação da Lei n. 1.390/51, conhecida como Lei Afonso Arinos, que foi desenhada às pressas em virtude de a bailarina norte-americana Katherine Dunham ter sido proibida de se hospedar no Hotel Esplanada. O impacto da notícia e a repercussão internacional fizeram um Congresso, com o mesmo perfil do de 1921, criar uma lei contra o racismo com baixíssima capacidade de execução ao longo da história, uma vez que o ônus da produção de prova pertence ao discriminado ante a uma polícia violenta e a um judiciário racializado. Mas mesmo que se diga que o peso do ônus foi atenuado com o advento do celular, como provou George Floyd e João Alberto, destaca-se que a prova depende de fatores externos à produção dela, como o próprio racismo e a sua conceituação, amplamente relativizada quando o julgador é branco, como demonstram quase todos os vídeos semelhantes ao de Floyd e João Alberto gravados no Brasil em "periferias, vielas e cortiços", cujos indiciamentos a policiais são abrandados, quando não naturalizados.

O fato é que a associação recente entre assassinatos de negros e práticas racistas, mediada pelos casos internacionais, colocou os movimentos sociais em uma encruzilhada com muitos caminhos. A principal, no momento, sem dúvida, é a relação entre antirracismo, anticapitalismo e antifascismo.

Para entendermos esse problema, é preciso voltarmos ao século XVIII e XIX. A raça foi uma *invenção* do modo de produção capitalista em sua fase de acumulação primitiva, a tal ponto que não é possível pensar a acumulação primitiva inglesa sem o capitalismo mercantil e a mercadorização de africanos, momento no qual o escravismo asiático-africano se transformou em um tráfico mercantil controlado pelos europeus. O processo de mercadorização do ser humano pressupõe a sua coisificação, pois somente coisas podem ser trocadas por outras coisas. Ao transformar o indivíduo em coisa, a coisa não pode ser compreendida como humano, devendo a sua história, cultura e linguagem serem negadas. A abstração da produção social da mercadoria escravizado permitiu a generalização de povos distintos em uma única raça: o negro.

No século XIX, após a Revolução Haitiana, as abolições no continente americano aceleraram-se em virtude das revoltas de escravizados e da incompatibilidade de elementos do escravismo com o estágio do capitalismo inglês e norte-americano. Houve uma viragem na principal potência da época: a defesa do fim do tráfico continental de escravizados concomitantemente à necessidade da exportação de capitais ingleses, que se acumularam de tal monta que não reuniam condições materiais de continuar a acumulação ampliada em seu território. Surge, nesse momento, as teorias cientificistas e fatalistas, que, em meio à instauração de direitos aos ex-escravizados, davam conta da superioridade do europeu branco sobre os africanos e asiáticos. Churchill, por exemplo, matou de fome três milhões de indianos em campos de concentração chegando a dizer com todas as letras que eram inferiores. O primeiro-ministro inglês defendeu que Gandhi fosse preso e executado, e foi radicalmente contrário à Independência da Índia. Não por coincidência, a sua estátua foi pichada em um domingo com uma verdade inconveniente para liberais e conservadores: genocida e racista. Mas a questão não é o Churchill, individualmente. A questão é compreender como o racismo contemporâneo é produto do liberalismo.

No século XIX, para justificar a dominação de países europeus e dos EUA na África, Ásia e América Latina, teorias criadas por europeus e norte-americanos brancos, pelas suas burguesias nacionais e suas elites intelectuais, defendiam que brancos eram superiores, devendo colonizar todos os considerados por eles mesmos inferiores e não civilizados. A superioridade racial fora da relação tipicamente escravagista está fundamentalmente atrelada ao neocolonialismo do Estado liberal e burguês, devendo-se entender o fascismo como a radicalização das premissas do neocolonialismo, notadamente a do racismo. O racismo baseado na branquitude é um produto do liberalismo, ou melhor, é o seu elemento imanente e estruturante.

No Brasil, essas teorias se cristalizaram no supremacismo eugenista, na frenologia (criminologia italiana) e no higienismo. Nos EUA, deu corpo teórico aos supremacistas e à Ku Klux Klan, que assumiu grande protagonismo no começo do século XX, após o lançamento do filme *O Nascimento de uma Nação* (1915) e a sua exibição na Casa Branca para o presidente Woodrow Wilson, grande defensor do movimento supremacista. Mas, em vez de fazer uma análise comparativa entre Brasil e EUA, proponho algo diferente para entendermos o racismo e o fascismo nesses dois países. Vamos analisar ambos por meio da Alemanha, que traduziu esse ideário no nazismo, em que judeus, à época, eram considerados não brancos, não alemães e não europeus.[1]

A Alemanha e a Itália chegaram tardiamente nas disputas neocoloniais. É comum entender as duas grandes guerras como expressões dessas disputas neocoloniais, o que é verdade, mas tão importante quanto é compreender que justamente esses dois países matizaram como nenhum outro país europeu as teorias da racialização desenvolvidas e aplicadas por todos no século XIX e XX. Pode-se, com certa tranquilidade, ver continuidade entre as teorias de racialização britânicas com as alemãs e as italianas, até porque Lombroso era utilizado em praticamente todos os

1 BARANOWSKI, Shelley. *Império nazista: o imperialismo e o colonialismo alemão de Bismarck a Hitler*. Tradução de Fernanda Brito Bincoletto. São Paulo: EDIPRO, 2014.

países, inclusive no Brasil, como mostra Nina Rodrigues. Da mesma forma, a análise de crânios era realizada na Inglaterra com ex-escravizados jamaicanos, na Alemanha com judeus e no Brasil com negros. Está na gênese dos sistemas policial e prisional de todos os países ocidentais. Por isso que, invariavelmente, a nacionalidade está vinculada a uma autoprojeção racial.

Em *Minha Luta*, Hitler se declara impressionado pela forma como os Estados Unidos haviam decidido se "limpar" de latinos e eslavos, bem como asiáticos. Os eslavos são um capítulo à parte para Hitler:

> Na Rússia, a intelectualidade, na sua maior parte, não era de nacionalidade russa ou, pelo menos, era de caráter não eslavo. A camada superior de intelectualidade da Rússia daqueles tempos podia ser manejada de um momento para outro porque lhe faltavam absolutamente os elementos que a podiam ligar com a grande massa do povo. O nível intelectual desta última era, também, horrivelmente baixo.
> No momento em que se conseguiu na Rússia, atiçar a massa analfabeta contra a fina camada intelectual, com a qual a mesma não tinha nenhuma relação, estava decidido o destino do país, estava vitoriosa a Revolução. O analfabeto russo tornava-se escravo incondicional dos seus ditadores judaicos (...).[2]

Em *Minha Luta*, judaísmo é sinônimo de marxismo. Assim como o Estado norte-americano e o Estado brasileiro usavam o "cientificismo racial", Hitler chamava o antissemitismo e os campos de concentração de "antissemitismo científico", o que já estava razoavelmente espraiado na Europa, como mostra o Caso Dreyfuss e as justificativas do Estado francês. A carta *Eu*

2 HITLER, Adolf. *Minha Luta, Adolf Hitler.* Domínio público, 1925, p. 222.

*Acuso!*, retratada como um alento psicanalítico por franceses, não impediu décadas depois o amplo colaboracionismo francês a Hitler justificado, em muito, pelo antissemitismo.

Há evidentes similaridades entre as leis raciais norte-americanas e as leis raciais alemãs. No livro *Hitler's* American *Model: the United States and Making of Nazi Race Law*, o jurista e pesquisador James Whitman realiza um estudo comparativo entre as duas legislações. Os nazistas citavam o exemplo norte-americano, inclusive o da "solução final" dada aos nativos, como exemplo não somente do fato em si, mas da prática do extermínio sem uma ordem legal-normativa, um ato formal, a ponto de, como lembra Alex Ross em *Como o racismo americano influenciou Hitler: as raízes internas e externas do nazismo e de seu líder supremo*,[3] Hitler ter dito reiteradas vezes que o Volga (de Stalingrado à Moscou) seria "o nosso Mississipi", pois a "Europa – e não a América – é que será a terra das oportunidades ilimitadas".

Whitman basicamente traz um paradoxo aos liberais: o racismo como algo compatível com os valores democráticos norte-americanos.[4] Ora, o racismo nasceu justamente a partir dos valores democráticos norte-americanos, em que a igualdade só poderia ser estabelecida entre os brancos, tal qual na democracia ateniense. Daí a importância da escravidão e da restrição oficial

3 ROSS, Alex. How American Racism influenced Hitler. *The New Yorker*, 23, abr. 2018. Disponível em <newyorker.com/magazine/2018/04/30/how-american-racism-influenced-hitler>. No Brasil, o texto foi traduzido por Renato Pincelli e publicado no dia 27 de fevereiro de 2020. Disponível em: <medium.com/@rntpincelli/como-o-racismo-influenciou-hitler-7fc202b4b414>. Acesso em: 01 de mar. de 2020.

4 O mesmo é feito, de forma muito mais ampla, por Domenico Losurdo (2006). LOSURDO, Domenico. *Contra-história do liberalismo*. Tradução de Giovanni Semeraro. Aparecida (SP): Ideias e Letras, 2006.

(Jim Crown no Sul) e extraoficial (norte). No fundo, o racismo é uma ideia de igualdade. Igualdade é uma palavra extremamente complexa, que só pode ser conceituada historicamente. O racismo é um valor da democracia norte-americana porque faz parte da noção de igualdade do liberalismo norte-americano. Da mesma forma, fez e faz parte da noção de igualdade de todos os países americanos e europeus. Afinal, quando se diz que uma sociedade só pode se desenvolver e ser formada com brancos, a noção de igualdade pertence exclusivamente aos brancos.

Nas discussões sobre a legislação alemã acerca dos judeus, o Ministro da Justiça Gürtner fez uma longa exposição sobre o modelo de legislação racial dos EUA. A admiração era de longa data, registrada em *Minha Luta*:

> Há um país em que, pelo menos, se notam fracas tentativas para melhorar essa legislação. Naturalmente não me refiro à nossa modelar República Alemã mas ao Governo dos Estados Unidos da América do Norte, onde se está tentando, embora por medidas parciais, pôr um pouco de senso nas resoluções sobre este assunto.
> Eles se recusam a permitir a imigração de elementos maus sob o ponto de vista da saúde e proíbem absolutamente a naturalização de determinadas raças. Assim começam lentamente a executar um programa dentro da concepção racista do Estado.[5]

Normalmente, tenta-se tratar o nazismo como uma loucura coletiva, fruto de neuroses coletivas e individuais, ou mesmo de um suposto fracasso individual de Hitler. Nada mais patético e desrespeitoso com os judeus mortos do que *fetichizar* o nazismo,

---

5 HITLER, Adolf. *Minha Luta, Adolf Hitler*. Domínio público, 1925, p. 262.

silenciando-se sobre a sua construção a partir da década de 1920 e a sua relação com a racialização neocolonial. O nazismo se voltou ao modelo norte-americano porque, diferentemente dos projetos nacionais europeus, em que a racialização se dava predominantemente de dentro para fora, para outro continente, a racialização norte-americana se dava predominantemente de dentro para dentro, como uma limpeza. Ocorre que a imagética psicanalítica das elites latino-americanas de filmes *hollywoodianos* não pode ser parâmetro científico. O mais provável é que os avós e bisavós da elite latino-americana e da classe média tradicional, em especial destaque à brasileira e à argentina, grandes anfitriãs de nazistas após 1945, tivessem mais afinidade com Hitler do que discordância. O projeto Jim Crown, em diferentes graus, foi um projeto americano. No caso brasileiro, além das leis segregacionistas, do eugenismo e da frenologia, de proibição formal de acesso a espaços públicos e privados (praças, clubes, esporte etc.), ao trabalho e à educação formal, os casos explícitos de apoio e de veneração entre boa parte da elite corroboram a proximidade com o ideário nazista, especialmente em São Paulo e no Sul do país, onde se verifica em algumas regiões uma espécie de Jim Crown.[6]

---

6 Além do documentário *Menino 23*, em que a família Rocha Miranda escravizava crianças e jovens negros de orfanatos respaldada pelo Código do Menor de 1927, cravando a suástica nos tijolos, a tese *Nazismo Tropical? O partido nazista no Brasil*, de Ana Maria Dietrich (2007), defendida no Departamento de História da Universidade de São Paulo, mostra que a família Rocha Miranda não era um caso isolado, uma exceção, como a burguesia e classe média brasileira gostam de pensar sobre o seu passado e presente. Mas a válvula de escape é um elemento importante para entender o branco burguês brasileiro. Maurício Rocha Miranda, um dos herdeiros, contestou o documentário (e a tese, já que o documentário decorre da tese de Sidney Aguilar Filho). Alegou que Sérgio Rocha Miranda apoiou o nazismo somente até descobrir as "reais intenções de Adolf Hitler" (*Folha*

Grosso modo, Whitman abordou dois eixos modelares da experiência norte-americana: a eugenia (Jim Crown) e o massacre de nativos. Esses dois itens são compartilhados por quase todas as experiências latino-americanas, como a brasileira. Além dos tantos de nativos que as elites brasileiras mataram após a Independência, como a norte-americana, pode-se ponderar que o genocídio de nativos brasileiros continuou ao longo do século XX, chegando a 8.000 mortos entre 1964 e 1986, contabilizados pela *Comissão da Verdade*, pelos mesmos motivos da expansão norte-americana: expansão econômica e ocupação "civilizatória" para a fronteira agrícola. Hitler contemplaria a experiência bandeirante e a construção mítica da *Comunhão Paulista* se as tivesse conhecido. Para Hitler, a expansão norte-americana para o Oeste era um modelo histórico para a expansão alemã para o Leste. E esse é um ponto importante: mesmo que a *Comunhão Paulista*, o eugenismo brasileiro, o eugenismo norte-americano e o eugenismo alemão tenham especificidades, na década de 1920 e 1930 esses movimentos expressaram em essência uma coisa: a construção de um Estado-Nação limpo de impurezas, um Estado racial. A racialização predominante dependeu, assim como sempre dependerá, de fatores históricos e conjunturais.

---

*de S. Paulo,* "O outro lado: família contesta versão de prática de trabalho escravo", 11/12/2013). Mas a válvula de escape tem o dom de atirar para todos os lados. Maurício continua: "Sérgio era um homem viajado, que gostava da boa vida. Era, sim, simpatizante do nazismo no início da década de 1930, como diversas pessoas na sociedade brasileira também eram. Havia um partido nazista no Brasil". Sobre os meninos, disse que Sérgio fez com "aval do governo da época". Ele está correto: "diversas pessoas na sociedade brasileira eram" simpatizantes e "havia um partido nazista no Brasil", que, com lembra Ana Maria Dietrich, era apoiado, legalizado e legitimado, ao contrário do único partido que fazia real oposição aos nazistas e aos integralistas, o Partido Comunista Brasileiro.

Aimé Césarie afirmou que o choque do nazismo e do fascismo se devia ao fato de as práticas do neocolonialismo europeu nos continentes africanos e asiático terem sido utilizadas no continente europeu, o que provocou ojeriza na intelectualidade francesa, que se viu em meio ao que julgava barbarismo típico dos inferiores em oposição à autoprojeção de centro cultural do Ocidente. Os escritos e falas registrados de Hitler dão fundamento à conclusão, com uma correção: assim como Hitler não enxergava humanidade nos semitas, tampouco depositava algo nos eslavos. Na visão do pangermanismo alemão, eram não brancos, assim como os negros para os norte-americanos e os próprios alemães, só que não brancos dentro do território a manchar a nacionalidade alemã, tornando-se obstáculos entre eles e os comunistas no leste europeu, o grande mal a ser destruído. A purificação de dentro para dentro, como praticado nos países americanos em diferentes graus. Daí a idolatria de Hitler pelo modelo norte-americano, o país americano com maior visibilidade internacional. Como lembra Alex Ross, a Lei de Esterilização Alemã, de 1934, foi inspirada no programa de esterilização da California. A primeira execução em câmara de gás foi realizada em Nevada, em 1924, em que o gás Zyklon-B foi licenciado para a empresa alemã I.G. Farben e amplamente usado em Auschwitz. Da mesma forma, Hitler se amparou na Lei de Imigração de 1924, que, além de servir como modelo, impediu a entrada de milhares de judeus nos EUA.

A vinculação de grandes industriais norte-americanos com o nazismo não pode ser feita apenas no sentido da sincronização aleatória de idiossincrasias, mas de síntese de políticas. Henry Ford foi condecorado com medalha nazista e foi positivamente citado em homenagem às publicações supremacistas em seu jornal. A síntese se deve à ascensão quase que universal do fascismo nos países ocidentais, recrudescida pelas disputas neocoloniais. Se para a Europa era a África e a Ásia, para os EUA era os EUA e a América, esta materializada na Doutrina Monroe, "América para os americanos".[7] Por óbvio, os americanos são os EUA, como nos filmes hollywoodianos, e a América é o território geográfico, em que do México para baixo tudo deve ser um quintal dos americanos.

Os EUA são o país que melhor aplicou a racialização de dentro para dentro e de dentro para fora. A importância política e histórica da Revolução Cubana se inscreve por romper com uma doutrina fascista que vigorava e vigora mesmo após a II Guerra Mundial, quando, supostamente, segundo liberais e conservadores, o fascismo teria sido destruído pelo mundo ocidental. Atrelar fascismo aos italianos e nazismo aos alemães em uma história datada como se tivesse terminada consiste em estratégia política para desvincular o liberalismo do fascismo, do nazismo e do racismo.

Após a II Guerra Mundial, as ideologias supremacistas na Europa foram abandonadas, ao menos oficialmente, como expressa Hayek em *O Caminho da Servidão*,[8] quando admite somente a entrada dos EUA em uma liga de nações e a restrição aos países *civilizados*. Em contrapartida, a supremacia racial continuou no continente africano e asiático. A França, a libertária, até hoje exerce forte influência, inclusive militar,

7 "Muitos Estados europeus de hoje são semelhantes a pirâmides que se sustêm sobre o seu vértice. As suas possessões na Europa são ridículas comparativamente com a sua pesada carga de colônias, comércio estrangeiro etc. Poder-se-ia dizer: ponto na Europa e base em todo o mundo. Inversa é a situação dos Estados Unidos, cuja base está sobre o seu próprio continente e cujo ápice é o seu ponto de contato com o resto do globo. Daí a grande força interna daquele Estado e a fraqueza da maioria das potências colonizadoras europeias" (HITLER, 1925, p. 63).

8 HAYEK, Frieddrich Auguste. *O caminho da servidão*. Tradução e revisão Anna Maria Capovilla, José Ítalo Stelle e Liane de Morais Ribeiro. Rio de Janeiro: Expressão e Cultura: Instituto Liberal, 1987.

em países africanos, como Argélia, Marrocos, Tunísia, Senegal, Madagáscar e Costa do Marfim. Não se pode esquecer o Franco CFA, moeda colonial criada em 1945, que até 2019 (o vínculo das moedas nacionais com o Euro permanece) foi a moeda de oito países africanos, dando o *direito* a França de participação na governança econômica dos países citados, resultando ao longo da história em *excelentes negócios* ao Tesouro e empresas franceses. Moçambique conseguiu a sua independência de Portugal apenas em 1975, quando a FRELIMO derrotou o exército português. Chega a ser cômico organizações europeias e norte-americanas tecerem críticas à "ausência de democracia" nos países africanos e asiáticos, assim como é um atestado de falta de idoneidade cognitiva e reprodução da racialização neocolonial a mídia latino-americana reverberar tais críticas.

A Alemanha, por seu turno, além da ajuda técnica e jurídico-política dos norte-americanos para os campos de concentração, câmaras de gás, leis de imigração e eugenia, internalizou algumas experiências fundamentais ao nazismo no continente africano. A mais famosa e ao mesmo tempo ignorada foi o ocorrido contra os hererós e namaquas, onde hoje é a Namíbia, no qual o Estado alemão percebeu que se poderia ter métodos mais eficazes de matança. No caso, foi o envenenamento de poços após tentativas de revoltas contra o exército alemão. Os que sobreviveram foram colocados em campos de concentração, em que cada hereró foi registrado por um número. Empresas alemãs (a exportação de capitais) usavam os hererós em trabalhos forçados. Ali, o Estado alemão internalizou uma dada racionalidade administrativa que seria empreendida na II Guerra Mundial contra semitas e eslavos, como constatou Aimé Césaire para o horror dos intelectuais neocoloniais franceses.

Os crimes da II Guerra Mundial são amplamente assumidos pelos alemães, os do século XIX são amplamente negados ou contemporizados. Esse é um esplêndido exemplo de racismo do Estado alemão. A Alemanha é o país que se tornou vigia do antissemitismo no planeta por meio de uma autocrítica poucas vezes vista. O problema é que muitas vezes a autocrítica se sectariza e transforma a crítica em um ser cego, surdo e mudo com o racismo empreendido pelo Estado de Israel contra árabes e palestinos, reproduzindo mecanicamente todos os interesses do Estado de Israel, como se viu no embate entre a frente político-militar formada por organizações em Gaza e o exército israelense em 2021, após tentativa de expulsão de palestinos de suas casas em Jerusalém em favor de colonos israelenses; ou com a sua relação histórica com o apartheid sul-africano, implementando-o contra os palestinos; assim como para com os outros crimes alemães cometidos contra outros povos. A polêmica com Achille Mbembe com parte da *establishment* alemão, que cometeu o *deslize* de tecer elegantemente essa crítica aos alemães, retratado por Michael Rothberg em *O Fantasma da Comparação*, expressa esse determinante neocolonial.[9]

Nos EUA e no Brasil, assim como na Colômbia, Argentina, Venezuela, Uruguai, Bolívia, Chile e países caribenhos, essas teorias justificaram políticas segregacionistas e eugenistas. Por que os europeus foram escolhidos pelo governo brasileiro? Porque a elite da época considerava que seria impossível desenvolver o país com negros. Isso fez com que os negros fossem direcionados à morte, ao encarceramento forçado, à miséria e à favelização nos morros e periferias das grandes e médias cidades. Assim sendo,

---

9 Traduzido por Cláudio Andrade. Disponível em: <goethe.de/ins/br/pt/kul/mag/21864662.html>. Acesso em: 15 set. 2020.

o racismo não decorre totalmente do escravagismo e de uma suposta "falta de políticas de inclusão". Ao contrário, o racismo decorre da aplicação de políticas racializadas contra os negros, logo, segregacionistas, ao longo do século XX.

Como já dito, o Brasil criou políticas específicas, como o Código Criminal, em que estipulava a vadiagem (falta de emprego) e a atividade da capoeira como crimes, juntamente com a redução da maioridade penal de 14 para 9 anos. Tudo sem citar a palavra negro, mas sabendo que os negros estavam sem trabalho por terem sido *substituídos*, o que é diferente de ser *abandonado*, como apregoa os sentimentos da classe média e da burguesia sobre o passado de seus antepassados. Apesar de duas viagens científicas no Brasil, um na Amazônia e outro em Espírito Santo, Hitler não chegou a conhecer a experiência brasileira; é provável que ficasse orgulhoso com a morte de milhões de nativos e africanos, e se apaixonasse pela lei de imigração brasileira e as medidas de eugenismo, apesar de que fosse mais provável que, quando interpelado, desse uma resposta parecida à dos norte-americanos para os sulistas brancos em Bacurau.

A burguesia e a classe média tradicional brasileiras se apropriaram do receituário liberal-fascista que vigorou no fim do século XIX e começo do século XX, na qual vinculava formação nacional com raça, como evidencia o artigo 1º do Decreto n. 528, de 28 de junho de 1890, em que se declarava livre a entrada de indivíduos válidos e aptos ao trabalho, "excetuados os indígenas da Ásia, ou da África". O Brasil ter tido o maior partido nazista fora da Alemanha, e os EUA ter "importado" boa parte dos cientistas e alta burocracia nazista após o fim da II Guerra Mundial, fazendo-os residir no sul dos EUA, principal reduto da Ku Klux Klan e de supremacistas, não foram meras coincidências. Da mesma forma como não foi coincidência a imigração de muitos nazistas para a Argentina, um país que conseguiu embranquecer a população matando negros em epidemias, nas quais os negros ficavam confinados em bairros específicos entregues ao vírus, transformando-os em campos de concentração – o caso de embranquecimento e genocídio mais bem sucedido na América.

A lei de imigração brasileira foi tão ou mais rigorosa do que a norte-americana. Segundo Whitman, no fim do século XIX, a lei de imigração norte-americana "foi particularmente direcionada contra os asiáticos", assim como defendeu Joaquim Nabuco e os refratários à tentativa, por volta de 1870, de *importar* chineses. Em 1917, por meio da *Barred Zone Act*, foi estabelecida uma "área vasta da Ásia como lar dos indesejáveis", estendida a "homossexuais, idiotas, anarquistas e outros". Em 1921 e 1924, foram promulgadas duas legislações que decorrem da de 1917, a *Emergency Quota Act* e a *Immigration Act*, em que houve uma explícita predileção aos "nórdicos do norte e oeste da Europa sobre 'raças indesejáveis' do leste e do sul da Europa".[10] É preciso lembrar o papel do império britânico na construção norte-americana, no qual o "imperialismo britânico trabalhou para 'as democracias de brancos livres' ao redor do globo", influenciando a construção de "estados etnicamente homogêneos". Alguns desses estados foram "Canadá, Nova Zelândia, Austrália (...),[11]

10 WHITMAN, James Q. *Hitler's american model:* the United States and the making of Nazi Race Law. New Jersey, Princeton University Press, 2017, p. 35-36.

11 A Austrália possui maioridade penal de 10 anos. Atualmente, das crianças entre 10 e 14 anos presas, 65% são nativas, sendo que o grupo representa 3% da população. Disponível em: <bbc.com/portuguese/internacional-53840918>. Acesso em: 24 ago. 2020. É proibitivo analisar a Austrália como exemplo de país antidemocrático nos meios de comunicação e entre a burguesia e a classe média tradicional, o que revela dois aspectos:

e, por óbvio, a África do Sul".[12] A gênese da Commonwealth. Churchill matar três milhões de indianos e Margaret Thatcher classificar Nelson Mandela de terrorista, em conjunto com a CIA, em explícito apoio ao Apartheid, são mais uma continuidade histórica de uma construção política sobre uma racialização de uma dada nacionalidade do que surtos individuais de dois dos liberais mais adorados pelos liberais brasileiros. Ainda que de maneira envergonhada, em virtude da Democracia Racial, os liberais brasileiros escolhem bem os seus ídolos, ao menos de acordo com a construção social brasileira, demasiadamente semelhante à construção norte-americana que serviu de modelo a Hitler e ao nazismo.

Mas o Estado liberal lida com muitas mediações. Assim como no Brasil a abolição veio acompanhada de um Código Criminal que encarcerava negros, na década de 1970, os EUA formularam uma nova doutrina de controle social após a luta pelos direitos civis na década anterior: a Guerra contra as Drogas. Essa doutrina é voltada exclusivamente para pobres, uma vez que as atividades

---

o primeiro, é a assunção implícita de que a famosa relação entre liberdade e democracia ocidentais não pode ser objeto de direito dos nativos e de povos fora do ocidente, a não ser que se *ocidentalizem*, como o Japão e a Coreia do Sul; portanto, todo racismo expressa a noção de igualdade do polo ativo no processo de racialização, o branco; o segundo, é que a liberdade é analisada na perspectiva de quem possui a liberdade e pode ver a Austrália com bons olhos, como a família de Fabinho, do filme *Que horas ela volta?*, que ganha uma viagem à Austrália para treinar o seu inglês, ter novas experiências e esquecer o seu fracasso no vestibular. Que família de classe média tradicional branca não conhece algum exemplo semelhante ao de Fabinho que revela a sua afetividade racializada pela Austrália, o local do oriente *cool* ocidentalizado (pela colonização e genocídio, mas isso não importa) com muitos brancos?

12 WHITMAN, James Q. *Hitler's american model:* the United States and the making of Nazi Race Law. New Jersey, Princeton University Press, 2017, p. 36.

policiais e militares se voltam contra as drogas de baixo valor. Na prática, fez com que os negros passassem a ser perseguidos por forças policiais, encarcerados e mortos. Não à toa, Brasil e EUA apresentam as maiores populações carcerárias do planeta. Mas o Brasil foi além. Aqui, serviu para criar forças policiais de intervenção nas favelas e grupos de extermínio, chegando aos grupos paramilitares de direita nas décadas de 2000, 2010 e 2020. Por isso, é a polícia que mais mata no planeta, quase sempre pobres e negros. É uma construção histórica da classe dominante que controla o Estado.

Desvincular fascismo de liberalismo, muitas vezes tratando o fascismo e o nazismo como construções pessoais de lideranças (Hitler, o fracassado) e negando o papel ativo do empresariado e de seus capitais – feito pela mídia com os empresários brasileiros para com a Ditadura Civil-Militar –, ou tratando como um lapso de loucura coletiva, é uma falsificação histórica que cumpre a função de desvincular o liberalismo e o capitalismo dos males que produziram ao longo da história. Como enquadrar a burguesia como uma classe que pode ser antirracista se todas as políticas estabelecidas que a favoreceram são racistas? Além dessa questão, há uma de ordem tática que deve ser respondida: por que fazem propaganda *empoderada* supostamente "antirracista" com o dinheiro que acumulam com a exploração racializada?

# O RACISMO ESTRUTURAL DA CLASSE DOMINANTE

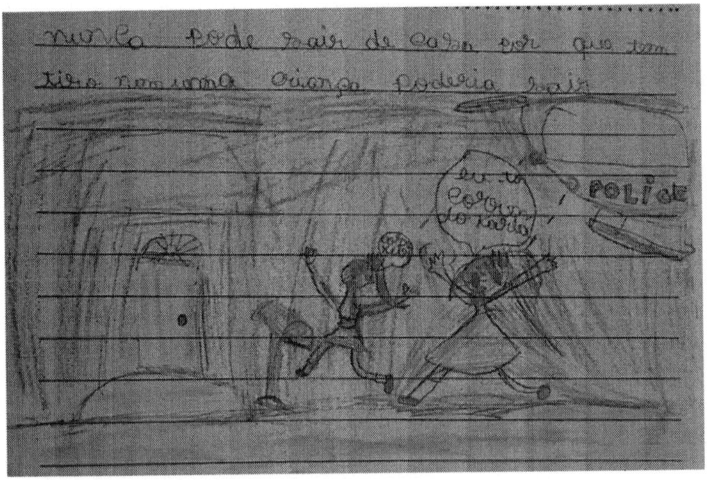

# 4.

Para entender as perguntas ao final do capítulo anterior, é preciso entender as ideologias que se *sub-repticiam* na sociedade brasileira. Quais são as ideologias/posições que permeiam, afirmando e negando um ao outro, os fatores históricos, políticos e econômicos das relações sociais brasileiras? Grosso modo, são as que seguem:

**Posição 0** – liberal-sectária. Naturalização e determinismo das relações sociais em que a exploração e a desigualdade seriam fenômenos naturais do *mercado* de competências individuais (meritocracia). É a posição que fundou, arquitetou e estruturou a nacionalidade brasileira. Nesse grupo concentra o bolsonarismo, a burguesia brasileira e o grosso da classe média tradicional.

**Posição 1** – liberal-conservadora. Crença messiânica de que a educação muda as relações sociais, possuindo forte vínculo com a Posição 0 quanto à meritocracia, embora apresente nuanças que lhe dão ares de progressista, especialmente quando incorporam determinadas pautas relativas às famigeradas "liberdades individuais". Essa posição também estruturou a nacionalidade brasileira.

**Posição 2** – liberal-reformista. Defesa de reformas sobre a renda de capital e renda de trabalho (tributação progressiva, políticas de transferência de renda, políticas públicas focais e universais etc.). A classe média tradicional e a burguesia não somente não aceitam como se opõem, e por isso embarcam na Posição 1 (tentativa de ser "progressista") e Posição 0 (conservadores). Esse dado é elemento conceitual das Posições 0,1 e 2.

**Posição 3** – étnico-identitária branca. Disputa racial-identitária que desemboca na posição da luta contra o racismo com base em uma identidade negra e/ou africana mercantilizada em oposição ao identitarismo branco. O medo branco das Posições 0 e 1 vislumbra a assunção de uma posição semelhante ao que ocorreu no Zimbábue, em que os brancos foram desapropriados para uma reforma agrária (não há qualquer movimento que o defenda, é uma abstração analítica no Brasil, mas que tem mais lastro histórico, no sentido de ser mais efetiva do que a Posição 1, esta comprovadamente ineficaz e absurda). Esse medo foi fundado no século XIX com o espraiamento político da Revolução Haitiana, mas tem os seus antecedentes na quilombagem e em revoltas.

**Posição 4** – revolucionária. Supressão do racismo se daria com a supressão dos mecanismos de exploração e desigualdade, os quais dirimiriam o racismo ou o atenuariam.

A burguesia e a classe média tradicional situam-se nas Posições 0 e 1. Essas duas Posições são predominantes da sociedade brasileira. A posição liberal-conservadora (Posição 1) é, fundamentalmente, sectária, sendo apenas uma variante sobre a Posição 0. Ela parte das noções da meritocracia, as quais desprovidas de materialidade sociológica, objetivam escamotear as relações de classe por meio da ideia-força de que cada pessoa ocuparia um lugar de classe correspondente à capacidade cognitiva e ao esforço individual. Pesquisas sobre herança, distribuição de rendas de capital e renda de trabalho, e relações entre escola e desigualdade que atestam que tal noção não tem qualquer sentido no modo de produção capitalista, são posicionadas em um polo de negação, resultando no anticientificismo, que, diga-se de passagem, iniciou-se nas ditas Ciências Humanas – ideologia de gênero, marxismo cultural, cotas, etc., concomitante à atuação de fundações privadas em substituição à academia – como instrumento político de manutenção do *status quo*, transferindo-se para as ditas Ciências Biológicas (vacinas, cloroquina etc.) e Exatas (terraplanismo). O negacionismo é uma variação quantitativa entre as Posições 0 e 1, em que os aderentes à Posição 1 não negam o todo das Ciências Biológicas e Exatas, mas negam parte substancial das Ciências Humanas, sobretudo aqueles resultados que colidem com os interesses de classe.

Ocorre que essa noção, além de suprimir as relações de classe, extingue todos os elementos superestruturantes das relações de produção, como o racismo. Contudo, os dados de desigualdade de renda de trabalho são translúcidos. A PNAD[1] contínua de 2019 – portanto, antes da pandemia – estimou a desigualdade de renda de trabalho e escolaridade entre negros e brancos. Segundo a pesquisa, consolidou-se em perspectiva futura aumento tendencial da desigualdade entre negros e brancos. Em 2018, os trabalhadores brancos receberam, em média, 75% a mais do que os trabalhadores negros. Em 2013, a diferença foi de 72%, o menor registrado; já em 2016, foi de 80%, o maior registrado. O dado mostra muito mais uma consolidação volátil, com tendência de aumento, da desigualdade salarial entre trabalhadores negros e trabalhadores brancos do que alguma tendência de redução.

Em 2015, o então Ministério do Desenvolvimento Social publicou uma pesquisa cuja conclusão se voltava para a redução do que chamou de "pobreza crônica" entre os negros. A queda foi

1 Pesquisa Nacional por Amostra de Domicílios, realizada pelo IBGE.

de 12,6% para 1,7% da população entre 2002 e 2013. A pobreza discutida no documento é fundamentalmente a miséria extrema, o que ocorreu por meio da oferta de programas focais de ataque à miserabilidade e à fome. Entretanto, a redução da pobreza extrema entre negros não influiu na diminuição geral da desigualdade econômica entre os principais grupos de renda. Pelo contrário, em 2016 foi registrado um dos maiores aumentos da desigualdade entre trabalhadores negros e trabalhadores brancos.

Em 13 de novembro de 2019, o IBGE publicou a pesquisa *Desigualdades sociais por cor ou raça no Brasil*, demonstrando uma tendência de aumento da desigualdade de renda entre negros e brancos a partir de 2015/2016. A despeito da crença geral, as políticas focais de combate à miséria não diminuíram a desigualdade; tão-somente a estagnou em patamares altos consolidados anteriormente. As taxas de desocupação, subutilização e informalidade são maiores entre negros em todo o período, com desconcertante estabilidade, demonstrando que os mecanismos racializados que superestruturam a classe trabalhadora brasileira, constituídos no fim do século XIX e por todo o século XX, expressam-se atualmente na segmentação racial da classe. A desigualdade é de tal monta que as políticas de transferência direta de renda impactaram pouco na desigualdade de renda entre as raças, ou melhor, influíram somente para a estagnação e a estabilidade da desigualdade em nível muito alto, agora com tendência de aumento.

Na prática, ao longo do período, a renda do trabalhador informal branco foi levemente menor do que a renda do trabalhador formal negro (em torno de R$ 2.000 para ambos), ao passo que a renda do trabalhador formal branco foi três vezes maior do que a renda do trabalhador informal negro (aproximadamente R$ 3.000 para R$ 1.000, respectivamente).

A mesma pesquisa do IBGE registrou, paradoxalmente para a Teoria do Capital Humano, a primeira vez que negros se tornaram majoritários no Ensino Superior público, chegando a 50,3%. Lógico que se pode ponderar as limitações da autodeclaração, refletidas nas denúncias de falsidade ideológica de brancos que se passam por negros, especialmente nos cursos mais concorridos, assim como nos dados sobre evasão, mas o anúncio registrou uma tendência oposta à tendência da distribuição racializada de renda, em que negros tendencialmente passaram a ter menos acesso à renda de trabalho e à renda de capital justamente quando têm a maior quantidade de formados da história. Além deste paradoxo indicar o que muitas pesquisas atestam, ou seja, que a vinculação entre renda e escolaridade é dúbia e extremamente complexa, dependente de inúmeras variáveis que fogem da limitação cognitiva da econometria, não se podendo estabelecer relação de causalidade quando o objeto é ampliado para classe e grupos – a pesquisa somente dá certo se o indivíduo ou um conjunto de indivíduos forem isolados e muitas variáveis forem ignoradas –, há a constatação de que o efeito educacional tem pouca influência para qualquer processo de transformação ou mesmo mudança conservadora das relações sociais (Posição 1).

Em 16 de outubro de 2019, o IBGE publicou dados sobre o aumento da desigualdade de renda no ano de 2018. O extrato do 1% mais rico recebeu 33 vezes mais do que a metade dos pobres em todo o país. O rendimento médio mensal entre o 1% foi de R$ 37,7 mil, ao passo que dos mais pobres foi de R$ 820,00. Mesmo o coeficiente Gini, que não é um dado interessante para analisar a renda, chegou ao seu recorde de 0,509. No acumulado de 2017 e 2018, os 10% mais pobres perderam 3,2% da renda e o 1% mais rico aumentou 8,4%. A pesquisa justifica dois grandes motivos para o aumento da desigualdade: a queda do rendimento médio dos mais pobres e o corte/estagnação em programas assistenciais, como o Bolsa Família. O fato é que 80% da população não ultrapassava os R$ 2.262,00, e metade possuía média de R$ 1.220,00, algo em torno de 300 dólares com câmbio da época ou 206 dólares com o câmbio de outubro de 2020. Ou seja, desde 2016, ao menos, a economia vem sendo mais generosa do que sempre foi com os mais ricos, muito em virtude das políticas econômicas e das "reformas estruturais necessárias ao país para atrair investimentos", como costuma apregoar apologeticamente os meios de comunicação.

A metade mais pobre da população viveu apenas com R$ 413 mensais em 2018, e 10,3 milhões de pessoas sobreviveram com apenas R$ 51 mensais. A reforma trabalhista de 2017, aliada à crise e ao desemprego, acabou fazendo com que as pessoas aceitassem trabalhos com menor remuneração em 2018, provocando um pequeno aumento da massa de renda, de R$ 264,9 bilhões em 2017 para R$ 277,7 bilhões em 2018, sem alterar de forma significativa as taxas médias de desemprego. Os 10% mais pobres detinham inexpressivos 0,8% da massa de renda, ao passo que os 10% mais ricos concentravam 43,1%, impressionantes 53,8 vezes.

E isso nos leva a uma constatação: qualquer reforma entre capital e trabalho impacta negativamente mais os trabalhadores negros, como parece ser o caso à luz dos dados mais recentes. Não há como ser antirracista e ser favorável à Reforma Trabalhista, à Reforma da Previdência e a qualquer outra reforma do capital sobre o trabalho. Portanto, todo ultraliberal é racista; de certa forma, todo liberal brasileiro que apoia reformas sobre o trabalho em favor do capital é racista. Com uma força de trabalho racializada, é óbvio que qualquer reforma incidirá prioritariamente contra os trabalhadores negros.

Se os negros vivem menos, é lógico que a Reforma da Previdência atuará na contenção de "gastos" de forma prioritária e proporcionalmente maior sobre trabalhadores negros. Se os negros têm menos acesso a serviços privados da classe média, é óbvio que a Emenda Constitucional n. 95 prejudicará políticas públicas mais fundamentais à reprodução da vida de negros. Em estudo recentemente publicado na *BMC Mecidine*,[2] projetou-se que, com a Emenda Constitucional n. 95, a mortalidade de prematuros aumentaria 8,6%, com projeções estatísticas de até 48 mil mortes prematuras evitáveis até 2030. Em essência, qual é a diferença entre Bolsonaro que naturaliza as mortes por Covid-19 e os liberais que naturalizam as mortes provocadas pela execução da Emenda Constitucional n. 95? O tempo, que permitirá diluir o genocídio?

Esse agrupamento social de classe se organiza na Posição 0 e na Posição 1. Aqueles que se organizam na Posição 1 atuam em frentes políticas e institucionais intermediadas por organizações específicas vinculadas aos seus conglomerados empresariais. É o caso do Bradesco, Ambev, Globo, Itaú-Unibanco e muitos outros. Aqueles que se organizam na posição 0 se reúnem em grupos conservadores em torno do bolsonarismo. Porém, os famigerados "agentes do mercado" que se organizam na Posição 1 e deixam escorrer lágrimas de progressivismo midiático possuem olhos e corações na Posição 0. "O que o corpo faz, a alma perdoa", disse o poeta do povo.

O Bradesco possui a Fundação Bradesco, que atua na educação com vistas à "criação de oportunidades". Iniciou na Ditadura Civil-Militar em 1967 em meio à centralização bancária

2 RASELLA, Davide; HONE, Thomas; SOUZA, Luís Eugenio de; TASCA, Renato; BASU, Sanjay; MILETT, Christopher. Mortality associated with anternative primary healthcare policies: a nationwide microsimulation modelling study in Brasil. BMC Medicine, v. 17, abr. 2019, p.1-11.

empreendida pelos liberais Delfim Neto, Roberto Campos e cia LTDA dois anos antes. Mas foi após a promulgação da Lei n. 6.297/1975, que concedia incentivos fiscais a empresas que criassem fundações para a formação profissional, que cresceu exponencialmente. A fundação teve destaque na formulação da política educacional na Ditadura, criando também escolas sob o manto da filantropia, unindo educação moral e cívica com educação física de uma forma que nem mesmo a Ditadura ousou. O Bradesco não existiria sem a Ditadura Civil-Militar.

Jorge Paulo Lemann, proprietário da Ambev, criou a sua fundação, a Fundação Lemann. Em conjunto com a Fundação Itaú Social e a Fundação Airton Sena, possui grande capacidade de inserção no MEC e secretarias estaduais e municipais para a formulação de políticas e estabelecimento de negócios, tornando-se forte articulador do movimento *Todos pela Educação*,[3] movimento de empresários supostamente auspiciosos com a educação pública, mesmo que boa parte deles não economizem esforços para não pagar impostos por meio de transações em paraísos fiscais, como demonstrou o próprio Lemann, dono de 20 empresas em paraísos fiscais, as *offshores*. As *offshores* possuem apenas duas funções: desaparecer com o dinheiro para não pagar impostos e legalizar dinheiro de atividades ilegais. Bono Vox, símbolo da filantropia internacional, foi arrolado nos documentos

3 Por meio de um grupo de empresários e "especialistas" (termo genérico que cabe a qualquer um), uma frente de fundações e entidades privadas atuam para a introdução de políticas de gerenciamento nas escolas, quase sempre baseadas em avaliações externas. Invariavelmente, o conhecimento científico é ignorado pela mídia e secretarias para o estabelecimento de parcerias (negócios) com essas fundações, que se utilizam de "especialistas" selecionados por técnicas de dinâmicas e entrevistas típicas do mundo empresarial. Um anticientificismo dos meios de comunicação, que sempre os convocam para parlar bobagens sobre educação pública.

do *Paradise Papers* e *Panama Papers*. "We eat and drink while tomorrow they die".

As organizações Globo possuem longa trajetória que não nos alongaremos. É de amplo conhecimento as suas posições retrógradas no jornal *O Globo*, o seu apoio ideológico e logístico à Ditadura, o presente da concessão de TV em história obtusa que gerou uma CPI, as artimanhas e tentativas de golpes na eleição do Brizola em favor de Moreira Franco, o boicote à manifestação das *Diretas Já!*, anunciada como festividade do aniversário de São Paulo, a falsificação do debate e pesquisas eleitorais em favor de Collor, a sanha pela privatização na década de 1990 e a sua defesa pelo Estado Mínimo, com o seu apoio a Bolsonaro por meio do apoio explícito a Paulo Guedes. A organização da família Marinho se restringia em ações sociais e filantrópicas no *Criança Esperança* e em demais organizações paralelas. Contudo, a Globo recentemente foi além: assumiu parte da pauta dos movimentos negro, feminista e LGBTQIA+, notadamente aquela vinculada ao comportamento e à representatividade, criando habilmente uma aura de opositor a Bolsonaro na pauta de direitos individuais e representatividade enquanto apoiava todas as suas políticas econômicas.

Essa pauta é assumida por meio do empreendedorismo negro, uma mediação do mercado com parte do movimento negro. Ocorre que os negros sempre foram *empreendedores* por terem sido segmentados quando da formação racializada da classe trabalhadora assalariada. Os dados indicam, como já demonstrado, que a informalidade é um intensificador da desigualdade ao mesmo tempo que é a sua expressão. O identitarismo mercantil é a mediação que permite que organizações do mercado estabeleçam relações políticas com parte do movimento negro, fomentando, naturalizando e legitimando uma dada organização de trabalho que existe justamente em virtude da segmentação racializada da classe.

E isso nos traz a um grande problema. Se, por um lado, o identitarismo está se transformando em uma mediação conservadora, pois não colide com os fundamentos do mercado, que produz desigualdade racializada, por outro, a identidade é uma categoria importante para a formação do negro brasileiro, pois foi ela que pautou a emergência do movimento negro nos últimos anos e colidiu com a construção histórica do negro cordial e bom (Posição 0), síntese do sistema do mulatismo e do apadrinhamento. E o mulatismo, o embranquecimento e o apadrinhamento, subsistemas responsáveis pela ascensão de negros de forma controlada e circunscrita ao grupo social a que pertence na classe trabalhadora, são concernentes ao racismo como elemento superestruturante do modo de produção capitalista e da formação social brasileiros. São expressões do racismo brasileiro.

A identidade negra fincada no africanismo destruiu a ideia-força do negro bom, do negro de "alma branca", e colocou na ordem do dia o "novo negro", ou o "preto". Inegavelmente, cumpriu e cumpre um papel extremamente importante na desconstrução dos elementos ideológicos constitutivos do racismo brasileiro, pois colide com a expectativa social do branco, da classe média tradicional e da burguesia. Nesse sentido, turbante, cabelo grande e roupas cumprem, sem dúvida, o papel de revolucionar alguns elementos do racismo brasileiro, e parte do mal-estar que resultou na formação orgânica de um movimento conservador (bolsonarismo) se deve a essa quebra de expectativas. Hélio Lopes e Sérgio Camargo não estavam no governo Bolsonaro à toa. Cumpriram a função de representar a Irene, de Manuel Bandeira, que só não precisa pedir "licença, meu branco!" se um branco bonachão conceder a licença com um "você não precisa pedir licença".

Contudo, a nova conjuntura nos coloca em outro patamar, e todo novo patamar gera novos problemas e demandas. É fácil vincular o bolsonarismo ao racismo; mas, por que não se faz o mesmo com as instituições do mercado? A resposta é simples: a identidade não é um problema para o mercado, desde que se consiga mercantilizá-la. Para o bolsonarismo o é, pois o movimento não é o mercado; é um movimento político do mercado, mas não é o mercado, em si. A essência da identidade do bolsonarismo está estabelecida na Posição 0, em que Hélio Lopes e Sérgio Camargo representam o tipo ideal do negro, o que coloca o mercado, nesse caso, em posição distinta. Ao se colocar em posição distinta, o mercado flerta com a Posição 3, mercantilizando-a. Ao mercantilizá-la, impõe limites políticos por meio do empreendedorismo e do ativismo circunscrito às lutas individuais, como o acesso ao consumo e a uma espécie de psicologia mercantil do negro individualizado.

O ponto é entendermos que não há diferenças substantivas entre a Posição 0 e a Posição 1. A Posição 1 é uma atenuação da Posição 0, um "mudar para conservar". Para onde? Em direção onde é apenas adjacente ao núcleo conservador das relações sociais, com vistas a uma radicalização implícita do próprio núcleo conservador. Já a Posição 0 é "um conservar para mudar". Para onde? Para a radicalização explícita do núcleo conservador. Um é institucional, porque controla as instituições, e o outro é anti-institucional, porque é periférico no controle sobre as instituições, com foco explícito nas polícias e no exército. A essência é a mesma, como pôde ser vista nos reiterados apoios da *Globo* e da *Folha de São Paulo* à política econômica de Bolsonaro e Guedes.

É a Posição 1 que consegue dialogar com os movimentos populares. A melhor e a mais fácil forma de entender esse "diálogo" é a análise do banco Itaú-Unibanco. O conteúdo-forma do "diálogo" é o identitarismo mercantil. O banco possui uma longa e profunda trajetória de articulação de políticas públicas por meio de sua fundação, cuja projeção nacional é semelhante à da Fundação Lemann. A Fundação Itaú Social tem como foco a educação e a sustentabilidade, e apresenta grande inserção nas secretarias e no MEC para a promoção de políticas públicas em consonância com o *Todos pela Educação*.

Uma das fundações que estabelecem "parceria" com a Fundação Itaú Social é a Fundação Tide Setubal, da família Setubal, uma das proprietárias do banco após a fusão entre Itaú e Unibanco. A família Moreira Salles comanda diretamente o Instituto Moreira Salles, focado em atividades e projetos culturais. Ambas as famílias possuem grande inserção nos famigerados "projetos sociais".

Nunca tais bancos lucraram tanto. Invariavelmente, os bancos apresentam lucros em qualquer conjuntura, de expansão de capitais ou de crise. Quando do início da pandemia, o Banco Central liberou R$ 1,2 trilhão aos bancos privados do compulsório argumentando que a medida era uma precaução ante a uma provável crise de liquidez e de crédito. Contudo, como noticiado, os bancos não liberaram os recursos, uma vez que os critérios para a concessão de crédito dependeram da análise dos fatores de riscos. Como os riscos aumentaram, por óbvio que o crédito não foi liberado porque as condições objetivas foram piores às pequenas e médias empresas. Qualquer governo mais atento à realidade obrigaria a mudança dos critérios, ao menos – não estamos a falar nem da vinculação obrigatória entre recebimento dos compulsórios e a concessão de crédito, independentemente dos critérios, o que seria mais plausível diante da conjuntura. Portanto, os bancos privatizaram os compulsórios.

Em 2019, o lucro dos grandes bancos cresceu 18%, mesmo diante da estagnação econômica. Quando analisados os cinco principais bancos, três privados, o lucro teve alta de 30,3%, chegando a um total de R$ 108 bilhões. O maior lucro nominal foi o do Itaú-Unibanco, impressionantes R$ 28,4 bilhões. Os bancos fecharam 898 agências, puxado pelo Banco do Brasil, que passou a ser encaminhado por Paulo Guedes para a privatização, com destaque ao negócio fraudulento com o BTG Pactual em plena pandemia.[4]

Mas como já exposto, as classes de renda D e E tiveram uma redução de renda nos últimos anos. Os dados atestam que a desigualdade aumentou nos últimos 17 trimestres até 2019. De 2014 a 2019, a renda do trabalho da metade mais pobre da população caiu 17,1%, enquanto a renda do 1% mais rico subiu 10,11%. Já a renda da fatia da população considerada classe média de renda (posicionada entre os 40% intermediários) teve queda de 4,16%. Destrinchando os 10% mais ricos, constata-se que os 5% mais ricos aumentaram as suas rendas em 4,36%.

Em 2014, o lucro dos cinco principais bancos cresceu 20% (R$ 55 bilhões). Em 2015, apenas o Itaú-Unibanco obteve lucro de R$ 20 bilhões, aumento de 15,4%; os ativos totais chegaram a R$ 1,4 trilhão, aumento de 12,4%, comparado com 2014. Em 2016, o lucro dos principais bancos saltou para R$ 60 bilhões, mesmo com a recessão de 3,6%. Em 2017, o Itaú-Unibanco conseguiu um lucro de R$ 24 bilhões, e os principais bancos lucraram R$ 63 bilhões, aumento de 14,6%, comparado ao ano anterior. Em 2018, o lucro do Itaú-Unibanco foi de R$ 25 bilhões e o lucro total do setor bancário chegou a R$ 100 bilhões, até então o maior da

---

4 Disponível em <https://www.brasildefato.com.br/2020/09/01/o-que-esta-por-tras-da-venda-de-titulos-de-creditos-do-banco-do-brasil-para-o-btg>. Acesso em: 01 set. de 2020.

história. Por fim, em 2019, o lucro do Itaú-Unibanco chegou a R$ 26,5 bilhões. O lucro dos quatro maiores bancos, excetuando a Caixa Econômica, chegou R$ 81,5 bilhões, outro recorde histórico.

Em 2016, cerca de 2,5 milhões de pessoas ganharam R$ 270 bilhões de lucros e dividendos sem qualquer taxação. Entre 2013 e 2017, a família Moreira Salles recebeu R$ 4,1 bilhões de lucros e dividendos como acionista do Itaú. Ao todo, as três famílias que controlam o banco receberam R$ 9 bilhões. Como não há taxação de lucros e dividendos no Brasil, em virtude da Lei n. 9.249/1995, os recursos foram transferidos integralmente. Nem entremos no mérito do nióbio para a família, um objeto totêmico de Bolsonaro substituído pela cloroquina, mas o fato é que, para além da exploração do capital sobre o trabalho, a família *nada de braçada* nos mecanismos institucionais de transferência de renda de trabalho por meio do Estado, transformando-a em renda de capital.

Os 2,5 milhões de pessoas correspondem aproximadamente a 1% da população. Disso se segue que a renda de capital para o 1% mais rico é parte substantiva, ao menos, da composição de sua riqueza. Não estamos falando de meros trabalhadores que se aventuraram com alguns reais no mercado de ações, a despeito das patéticas propagandas das agências de investimento. Estamos falando da classe média tradicional das capitais e grandes cidades, da burguesia, inclusive industrial, que, ao que tudo indica, desistiu de produzir ou de ver a sua produção com alguma expectativa de expansão para investir em ações e títulos, e de poucos *outsiders*, a exceção transformada em regras nas propagandas de agências de investimento. Com alguma investigação, descobre-se uma nova Betina para o divertimento de todos, que seria uma *outsider*, mas que ganhou o seu capital inicial do papai da classe média tradicional.

Em 2020, logo antes da pandemia, os bancos dividiram R$ 52 bilhões em dividendos aos seus acionistas, com exceção do Itaú-

Unibanco, que distribuiu pouco mais de 60% do lucro líquido de 2019, alegando que os tempos exigiriam que os bancos abrissem a carteira de crédito – o que não se comprovou, a carteira ficou fechada; como o próprio Guedes confessou, os bancos pegaram o dinheiro do compulsório e guardaram no cofre, fazendo com que as associações comerciais reclamassem publicamente dos bancos.[5]

Traduzindo tudo da forma mais simples possível, o lucro bancário obteve recordes e mais recordes de 2014 a 2019, enquanto a renda dos mais pobres diminuiu ano após ano. Como um brinde a esse processo, os bilionários brasileiros ficaram US$ 34 bilhões mais ricos na pandemia, ou, se preferir, R$ 170 bilhões mais ricos, o que corresponde a 70% do aumento da riqueza de todos os bilionários da América Latina. No momento da maior queda do PIB brasileiro da história, da maior quantidade de desempregados, do crescimento da informalidade, de queda brutal da renda dos trabalhadores, os bilionários ficaram mais ricos. A pesquisa da Oxfam *Quem paga a conta?* demostra que os bilionários brasileiros ficaram mais ricos com a pandemia justamente quando a indústria, os serviços e o comércio tiveram as suas maiores quedas da história. Isso nos levanta três aspectos:

1) os grandes capitais estão predominantemente desvinculados dos capitais industrial e comercial.

2) os grandes capitais estão mergulhados no rentismo.

3) o rentismo vive de três condicionantes em seus capitais que se sobrepõem aos outros capitais (industrial e comercial):

---

5 Disponível em <https://www.em.com.br/app/noticia/economia/2020/04/05/internas_economia,1135804/guedes-diz-que-dinheiro-esta-empocado-nos-bancos-e-sinaliza-medidas.shtml>. Acesso em: 05 abr. 2020

A) parte é transferência de renda de trabalho para rendas de capital por meio do sistema da dívida pública e do sistema tributário regressivo.

B) parte é fictícia.

C) parte vem de paraísos fiscais e da relação entre imposto não pago, inversão de capitais e lavagem de dinheiro.

Como essa disparidade é possível? Se o bolo crescesse, seguindo a fajuta tese do liberalismo brasileiro, é possível que a renda dos mais pobres caísse menos ou não caísse. Mas a tese fajuta costuma também defender que na recessão todos perdem. Não foi o caso. Na recessão, os milionários e bilionários ganharam, e não só ganharam, como fincaram os pilares de um crescimento ordinário e sustentável. Essa disparidade somente pode ser explicada pela exploração e desigualdade. Se os bancos cresceram em meio à estagnação, recessão e baixo crescimento, é óbvio que cresceram em meio à apropriação da renda de trabalho. Da mesma forma, os segmentos de renda A e B não criaram mais valor; apropriaram-se de valor em forma de renda de trabalho. Portanto, os segmentos de renda A e B e os bancos se apropriaram da massa de valor produzida socialmente por meio de mecanismos institucionais de transferência de renda dos mais pobres aos mais ricos, do trabalho ao capital. Como lembra Thomas Piketty, se a renda de capital cresce mais do que o crescimento total, é porque houve concentração de renda de capital.

Mas, o que isso tem a ver com a raça? Como o mundo do trabalho é racializado, em que os mais pobres são negros, expressando-se em uma desigualdade de renda de trabalho de R$ 808 bilhões entre trabalhadores brancos e trabalhadores negros, segundo o *Instituto Locomotiva*, e como a maior perda de renda se deu entre os mais pobres e miseráveis, e como é de conhecimento que proporcionalmente os mais pobres são mais taxados pelo Estado, e como o Estado é um grande transferidor de recursos por meio da dívida pública (dívida pública oficial mais dívida compromissada) aos bancos e aos investidores, conclui-se que, proporcionalmente, a renda de trabalho dos negros foi mais apropriada pelos segmentos de renda A e B e os banqueiros.

E então chegamos ao ponto. É possível que banqueiro não seja racista? A depender de uma visão mais identitarista, sim, pois o racismo pode ser superado por meio de uma educação antirracista e/ou sem preconceitos, algo ardorosamente defendido e projetado pelas fundações pertencentes às famílias proprietárias dos bancos. Inclusive, sim porque os bancos passam a ser responsáveis socialmente por colocarem negros em suas propagandas e em algumas posições de trabalho, mostrando a diversidade do povo brasileiro – Itaú-Unibanco é bastante competente nesse tipo de propaganda de forma muito semelhante à Globo.

Mas, como é possível, se os banqueiros se apropriam da renda de trabalho dos trabalhadores, proporcionalmente mais dos trabalhadores mais pobres, portanto, mais dos negros, transformando-a em renda de capital ou lucro bancário? Para entendermos melhor, peguemos um exemplo que julgo oportuno: os irmãos Moreira Salles.

Seria fácil relacionar à família a inversão de capitais de escravizados, a terra e o café para outros ramos. No século XIX, um dos patriarcas da família era o Coronel Saturnino Vilhena de Alcântara, um dos grandes proprietários de escravizados e de terras em Pouso Alegre (MG), transformando-se em grande proprietário de terras na década de 1880. De 1890 a 1910, realizou

35 transações de propriedades,[6] especializando-se em compra e venda de imóveis. O coronel se transformou em primeiro suplente de delegado da polícia. O capital inicial da família foi de escravizados, o grande e escondido capital inicial de quase todos os grandes empresários brasileiros, especialmente em São Paulo e Minas Gerais, que hoje se intitulam de empreendedores. Muitos dos "grandes empresários" brasileiros são descendentes de escravocratas. A questão aqui não é a suposta transmissão cognitiva e punitiva, mas a transmissão de capital. Os herdeiros *herdaram* – aqui o pleonasmo é útil – o capital da acumulação primitiva sobre a exploração e comercialização de africanos e descendentes de escravizados. Na estrutura da composição de riqueza dos seis maiores proprietários de Pouso Alegre, 43,5% correspondiam a imóveis rurais e 42,5% a escravizados.[7]

Na década de 1890, Saturnino inverteu seus capitais em propriedades, especializando-se em compra e venda de imóveis. Com o tempo, preservou apenas uma propriedade em seu nome, vendendo todas as outras propriedades. A família Salles, original de Cambuí, sul de Minas, juntou-se com a família Vilhena de Alcântara. João Moreira Salles,[8] o patriarca mais reconhecido,

6 VALE, Fernando Henrique do. *Economia de abastecimento em uma economia agroexportadora: o município de Pouso Alegre/MG na transição para o século XX*. (Mestrado em História Econômica). Faculdade de Filosofia, Letras e Ciências Humanas da Universidade de São Paulo. São Paulo, 2018.

7 SAES, Alexandre Macchione; AVELINO FILHO, Antoniel. Escravidão e trajetória das elites locais: Campanha e Pouso Alegre no ocaso da escravidão. *Cultura, História e Patrimônio*. V. 1, n. 1, 2012.

8 A origem da família é estranhamente omitida. Passa-se a impressão de que seriam sitiantes, mas como lembra Brandão (2017, p. 274), "o seu casamento com uma filha de uma tradicional família da região, os Vilhena de Alcântara, é uma demonstração de que sua origem social, provavelmente,

trabalhou na Casa Ideal, de seu padrinho Adriano Colli. A bibliografia do Instituto Moreira Salles[9] diz que "saiu-se tão bem que ainda adolescente assumiu a administração da loja", mas é mais óbvio e provável que o afilhado tenha assumido a administração do padrinho, tudo em família pela relação de apadrinhamento social da época. Com as "recomendações do padrinho", trabalhou em uma casa de armarinhos em São Paulo.

Em 1909, retornou a Cambuí, onde se casou com Lucrécia Vilhena de Alcântara, filha do Coronel Saturnino Vilhena de Alcântara. De lá foram morar em Guaranésia, cidade pertencente à rota do café, onde João abriu uma loja de secos e molhados e artigos de armarinhos, "beneficiados pelo antigo patrão". Nesse momento, com o capital da família Vilhena de Alcântara, estabeleceu-se como representante comercial. Em 1917, mudou-se para Mococa, cidade do estado de São Paulo, de onde abriu a Salles e Alcântara, em sociedade como cunhado Pardal Vilhena de Alcântara. Com esse negócio de família, ampliou o leque de cidades oferecendo aos fazendeiros créditos bancários.

Quando se mudou para Poços de Caldas, em 1919, chegou a representar 13 bancos como comissário. Comprou a parte de seu cunhado quatro anos depois. Um ano depois recebeu a autorização para ser uma sessão bancária. Em 1931, recebeu a autorização

não era a de um simples filho de trabalhadores do campo". (BRANDÃO, Rafael Vaz da Motta. Os Moreira Salles, os Setúbal e os Villela: finanças e poder no Brasil. In: *Os donos do Capital: a trajetória das principais famílias empresariais do capitalismo brasileiro.* (Org.) CAMPOS, Pedro Henrique Pedreira; BRANDÃO, Rafael Vaz da Motta. 1ª ed. Autografia: Rio de Janeiro, 2017, p. 271-314).

9 PAULA, Sergio Goes de. João Moreira Salles, o patriarca. *IMS*, 9 abr. 2018. Disponível em: <www.ims.com.br/por-dentro-acervos/joao-moreira-salles-o-patriarca>. Acesso em: 10 de jul. de 2020.

para a abertura da Casa Bancária Moreira Salles. Pronto, o que inicialmente eram terras e escravizados foi invertido em capital bancário na acumulação ampliada de capitais vinculados ao café e à indústria. Walther Salles, filho de João, havia sido deixado para ser criado com os avós. Em 1939, Walther tornou-se acionista do Banco Machadense e presidente do conselho de administração do Banco do Distrito Federal (Rio de Janeiro). Em 1940, o Banco Machadense e a Casa Bancária dos Botelhos se juntaram. Da fusão nasceu o Banco Moreira Salles. A Casa Bancária Botelhos era pertencente à família Botelhos, escravocrata e grande proprietária da cidade de... Botelhos, que ganhou o nome da família por Joaquim Botelho de Souza ter doado o terreno onde foram construídas a vila e a matriz dedicadas a São José.

Portanto, os capitais do Banco Moreira Salles possuem duas origens familiares do Brasil Imperial: a família Vilhena de Alcântara e a família Botelho de Souza. Na exposição do Instituto Moreira Salles, a cidade homônima à família Botelho é substituída por uma "cidade próxima". Não é iluminista refletir uma realidade saudita. Mas nada que não possa ser corrigido. O texto do Instituto Moreira Salles se vê obrigado a constatar que João Moreira Salles passou a investir no oeste paranaense, donde fundou uma cidade chamada... Moreira Salles. Mas, como justificar? Tornando-o em herói, pois "com pouco mais de 60 anos, João Moreira Salles resolveu que era hora de bancar *o bandeirante* e decidiu *colonizar* uma parte daquele ermo" (grifos meus). Faz sentido! Está aí uma coerência: um bandeirante.

Como é sabido, as reformas bancárias de 1964/1965 favoreceram a concentração de capitais bancários de forma significativa, fazendo com que, ao longo dos anos, o mercado fosse concentrado basicamente em cinco bancos, sendo três privados.

Sem essa ajudinha de assassinos e torturadores, dificilmente as famílias Moreira Salles, Vilela e Setúbal (Itaú-Unibanco) e a família Aguiar (Bradesco) teriam se tornado bilionários mundializados. E como não lembrar que a fusão do Unibanco (Moreira Salles) se deu com o Itaú, cujo capital descende da família Souza Aranha, mais particularmente de Francisco Egydio de Souza Aranha, um dos maiores escravocratas da história do Brasil? Na árvore genealógica do Itaú-Unibanco, Francisco Egydio de Souza Aranha teve 10 filhos, sendo 8 sem qualquer nominação. Quem são? Muito provavelmente, filhos de escravizadas. Um dos seus filhos assumido, Olavo, tornou-se banqueiro com a exploração de escravizados em suas fazendas. Seu filho Alfredo fundou o Banco Central de Crédito. Sua filha Maria se casou com Eudoro Libânio Vilela, diretor do banco de Alfredo. Daí surgiu a família Vilela. Não esqueçamos de Olavo Setubal, que trabalhava no mesmo banco como diretor. Olavo era filho da irmã de Alfredo com Paulo de Oliveira Setubal. Em 1964, com ampla ajuda da Ditadura Civil-Militar, criaram o Banco Itaú, que futuramente se juntaria ao Unibanco dos Moreira Salles. Como se pode notar, o casamento é um instrumento de acumulação de capitais, ao menos no setor bancário.

> Souza Aranha casou com Setubal
> Que casou com Vilela.
> Souza Aranha-Setubal-Vilela
> Casou-se com Moreira Salles
> Que já era casado com Vilhena de Alcântara
> Que se casou com Botelho
> Quando as carnes se fundiram.
> Nessa história não há nenhum J. Pinto Fernandes.
> É proibido!

Esse pequeno relato, por si, seria suficiente para constatar a relação histórica entre racismo e acumulação de capitais entre os bilionários e parte dos milionários brasileiros. Não, não são empreendedores que nasceram do nada, com suor e esforço. Descendem de famílias quatrocentonas que comercializavam africanos e seus descendentes para a lavoura de café, predominantemente. Exploravam-nos até à morte. Essa é a origem do capital inicial do empreendedorismo. Mas, além dos condicionantes econômicos e históricos, é preciso que analisemos também os condicionantes sociológicos.

Falemos dos atuais João Moreira Salles e Walter Moreira Salles – a reprodução de nomes e controle sobre a família, incluindo o peso simbólico do nome, o casamento e a reprodução, são fatores econômicos, como ocorre com o atual Paulo Setubal, Olavo Egydio e Alfredo Egydio, bem como com a família Marinho, em que o Roberto se transformou em sobrenome.

Os atuais herdeiros Salles *trabalham* como cineastas. A predileção por um instituto cultural pertence também a uma escolha *profissional*. João Moreira Salles é roteirista, documentarista e produtor. Criou a revista *Piauí*, teve grande relevância para o retorno da indústria audiovisual no fim da Ditadura Civil-Militar e na hecatombe cultural do governo Collor. Dirigiu os documentários *Notícias de uma Guerra Particular* – em parceria com Katia Lund –, crítico sobre a relação entre polícia, violência e tráfico de drogas, *Entreatos*, sobre os bastidores da eleição presidencial de Lula em 2001, e o sensível *Santiago*, uma peça sobre o seu mordomo que possuía 30 mil páginas transcritas de passagens sobre a aristocracia europeia. Seu irmão Walter dirigiu *Central do Brasil*, um dos principais filmes da cinematografia brasileira.

A jornada de Dora rumo à redenção, da indiferença a Josué à foto do monóculo dos dois juntos ao lado de Padre Cícero é, sem dúvida, uma das jornadas mais bem retratadas sobre as vicissitudes brasileiras. Por mais que o filme não tenha sido roteirizado pelos irmãos, a direção de Walter, como toda direção, expõe a sensibilidade, a complexidade, as contradições, os paradoxos e as agruras do texto, transformando-se em um texto sobre o texto. Uma jornada da detentora de um poder (a leitura e a escrita) sobre os despossuídos, que inclusive pode decidir se envia ou não a carta a depender de seu julgamento, a uma mulher desesperada que é acolhida no colo do Josué, que somente poderia ocorrer após uma jornada ao centro do Brasil. Da Central do Brasil ao Centro do Brasil, um local de passagem à verdadeira Central do Brasil, um espaço de redenção e acomodação. Apenas depois desse (re)encontro, Dora pôde retornar. Uma grande homenagem à sensibilidade humana.

Mas é em *Santiago* que essa jornada do herói é absolutamente explicitada. João Moreira Salles fez uma peça sobre si e o documentário, não à peça em si, mas ao processo. João consegue determinar o Ser-em-si e o Ser-para-si – é um bom objeto de estudo para entender Sartre e a expressão da angústia e da náusea. O documentário foi rodado na década de 1990 e abandonado em 1992; foi retomado em 2005, quando João Moreira Salles percebeu o incômodo, o que o fez se transformar em documentado não como uma pessoa, mas como sujeito em uma relação de poder de polos antagônicos. O final do documentário é angustiante para o documentarista ao perceber que as cenas foram feitas com base na relação de poder entre o filho do patrão e o ex-mordomo.

João tentou construir uma percepção no expectador que reproduzisse a sua náusea ao se ver dando ordens de encenação e desconsiderar a única tentativa do ex-mordomo de ser espontâneo, permitindo-se concluir que a relação de poder entre documentarista e documentado se transbordou na relação de poder entre trabalhador (empregado) e burguês (filho do dono, filho do patrão). "Fica nessa posição, pensa um pouco na sua vó e na minha mãe" e "eu só quero que você fale..." mostram uma transubstanciação do desejo do documentarista no espírito documentado/dirigido de Santiago. Quando Santiago se propôs a contar por que "pertence ao núcleo de seres malditos", o único momento espontâneo, registrado em áudio com a câmera desligada, João responde que "isso não precisa", repetido afirmativamente por Santiago: "isso não precisa". Em seguida, contou a história que João quis, começando por um "Joãozinho".

"Joãozinho" ou "maravilhoso Joãozinho" é o "nhonhô" de Prudêncio, em que, mesmo após ser livre, não só o escraviza como símbolo da imposição da estrutura na cognição na obra machadiana, como não deixa de usar os termos típicos da relação entre senhor e servo quando legalmente não é mais servo. Assim como Prudêncio, Santiago também não pôde se desvencilhar da relação constituída historicamente e economicamente. João Moreira Salles conclui que a relação de poder não foi superada. É o vergalho da relação, mesmo que seja entre um bilionário culto e um mordomo argentino singular, culto e caricato.

A questão é que não pode, mesmo que João quisesse ou queira. Não somente por causa de Santiago, mas por causa de João, que não deixou de ser o polo burguês na formação da visão de mundo de Santiago. João não deixou de ser o polo burguês para João. Como diz Sartre, é um fardo que poderia ser superado somente com uma nova sociedade. Se João pretende construir uma obra que represente o indivíduo que realiza o encontro do fenômeno com a essência, a angústia e a náusea serão as expressões da impossibilidade. João é banqueiro em uma sociedade capitalista. Essa é a sua profissão na reprodução das relações sociais.

E há dados irrefutáveis: nos últimos anos, quem vive de renda de capital aumentou o seu capital e quem vive de salário perdeu renda. A desigualdade na renda de trabalho aumentou entre negros e brancos. Como atestam as pesquisas *As implicações do sistema tributário brasileiro nas desigualdades de renda* (2014) e *Perfil da Desigualdade e da Injustiça Tributária: com Base nos Declarantes do Imposto de Renda no Brasil 2007-2013* (2016), de Elivásio Salvador, e dados da Oxfam, são as mulheres negras as que mais pagam impostos, proporcionalmente à renda. Com um sistema tributário regressivo, a alta burguesia paga em média menos de 8% do total de seu patrimônio e lucro, uma vez que há isenção de tributação sobre lucros e dividendos. Em estimativas, enquanto 10% dos mais ricos têm 33% de lucros e dividendos na renda total, os 0,2% mais ricos detém 70% de lucros e dividendos sobre a renda total. Antes que se diga sobre o imposto de pessoa jurídica, cumpre constatar que as grandes empresas conseguem reduzir significativamente o imposto quando se utilizam dos juros sobre o próprio capital, uma forma de distribuição do lucro entre os próprios acionistas, titulares e sócios (uma corruptela que transforma capitais tributáveis em dividendos, livres de impostos), permitindo que grandes multinacionais e empresas paguem menos do que médias empresas.

Outro dado é que a dívida pública tem como grandes credores os bancos, fundos de investimentos e fundos de pensão. Portanto, se a média de pagamento de juros, amortização e dívida nos últimos anos é de 50% do orçamento federal, conclui-se que os bancos e os segmentos de renda A e B se apropriam de boa parte do orçamento federal. Mas a questão não é somente essa. Para além da forma da dívida pública – a rigor, não há problema em o Estado ter dívida pública –, está o problema de que o orçamento é constituído por impostos, pagos predominantemente por trabalhadores e, entre os trabalhadores, proporcionalmente mais por trabalhadores negros, com especial destaque às mulheres negras. A questão é simples: parte significativa dos dividendos distribuídos para a família Moreira Salles é originalmente recurso proveniente dos impostos que incidem mais em trabalhadores negros. Parte do lucro da família Marinho, um mix de dividendos, redução da folha de pagamento e, segundo Dario Messer, paraíso fiscal, é constituída na transformação de renda de trabalho em renda de capital por meio da relação entre orçamento, dívida pública e reformas "estruturais" apoiadas pelo conglomerado de mídia (Globo e afiliadas), todas mais prejudiciais a negros em virtude da racialização da classe trabalhadora e da desigualdade de renda de trabalho.

Da mesma forma que João constatou que a determinação econômico-social da relação de poder o impediu que chegasse à essência de Santiago, qualquer burguês supostamente progressista deve concluir o mesmo em relação aos trabalhadores e aos trabalhadores negros. Não há como ser antirracista sendo agente ativo de uma estrutura que reproduz a racialização como padrão superestruturante da acumulação de capitais. O Iluminismo de uma formação letrada não influi na exploração e desigualdade racializada (economia) e na violência jurídico-policial (Estado). Se impacta, o pouco que impacta seria na apresentação da representação, o que tem a sua relevância sociológica e psíquica, mas, quando desvinculada da dimensão da reprodução da vida do negro (economia), não passa de um elemento conservador (Posição 1) com os dois pés na naturalização do racismo (Posição 0).

A defesa do racismo como elemento cognitivo-comportamental permite que a classe média e a burguesia levem movimentos populares (Posição 2 ) para a Posição 1, o que reforça e reproduz os mecanismos econômicos de reprodução do racismo, uma vez que deixa intacta a estrutura de reprodução da exploração e da desigualdade racializada. Em suma, ganha-se o super-herói antirracista quando os poderes do racismo continuam intactos para a acumulação de capitais do super-herói.

Lógico que a família Moreira Salles foi utilizada como tipo ideal (mas real) por ser intelectualmente bem superior à média cognitiva da burguesia e da classe média tradicional brasileiras, habitualmente medíocres. É muito provável que, individualmente, os irmãos Moreira Salles não sejam preconceituosos do ponto de vista do comportamento, e que sejam bastante regrados sobre o que falam e como se comportam de maneira crítica a qualquer possibilidade de prática racista, misógina e homofóbica. Não há nada que os desabone, que indique o contrário, mesmo que remotamente, o que não seria o caso do clã Marinho, o qual, caso se transformasse em objeto de análise, confundiria o leitor em virtude da apreciação moral socialmente negativa que o patriarca construiu ao longo de sua vida.

Denomino de *Fator Moreira Salles* a impossibilidade real e concreta de a burguesia e a classe média tradicional serem antirracistas, mesmo que individualmente e comportamentalmente procurem não ser preconceituosas ou racistas. Uma espécie de conceito que sintetiza esse paradoxo. Em suma, não é qualquer branco que pode ser antirracista. Pelo contrário, potencialmente, mesmo que supostamente seja livre cognitivamente de preconceitos, o burguês – no Brasil, no planeta e no universo – é racista porque é agente ativo e apropriador de capitais sobre a classe trabalhadora racializada. E essa regra vale para todos que envidam esforços para o controle sobre práticas individualmente racistas e a "democratização" da representação, mas que não envidam o mesmo esforço para a destruição dos mecanismos econômicos de exploração, da racialização e da desigualdade racializada. Esse dado sociológico não colide com o dado histórico, construído em boa medida por seus antepassados. Aliás, só se tornaram banqueiros porque seus antepassados acumularam capitais sobre africanos escravizados, e ao mesmo tempo só continuam banqueiros porque os mecanismos construídos historicamente por seus antepassados são reproduzidos positivamente por eles para si próprios.

Mas o que permitiu ou está permitindo que burgueses que ganham sobre a exploração, a transferência de renda sobre os mais pobres (predominantemente negros) e a violência estatal para a defesa intransigente da propriedade privada, mesmo que seja para furto de comida enlatada e fralda em um supermercado, transformem-se em antirracistas? Justamente em uma sociedade cujo racismo foi construído e é reproduzido por eles para eles? O culturalismo, o pós-modernismo e o identitarismo desvinculado da reprodução material da vida, a perspectiva segundo a qual a representação se sobrepõe às relações sociais. Lógico que aos olhos de quem vê, é assim. Mas isso é fenômeno. De fato, uma vez a representação criada, adquire força sobre as relações sociais, sobredeterminando-as. A representação apenas faz sentido em uma determinada formação social, com uma dada história e relações sociais específicas, o que obriga a qualquer pessoa não avessa a tais teorias intituladas de totalitárias pelo pós-modernismo concluir que há algo entre o céu e a terra que fundamenta a existência da representação, dando-lhe legitimidade, legalidade e funcionalidade. Em suma, o racismo existe porque cumpre função social. Se não cumprisse, deixaria de existir. Portanto, no modo de produção capitalista, o racismo existe porque é positivo. Não é um erro, é um acerto!

Mas, o que a pós-modernidade da representação cria?

1. Permite que bilionários, burgueses e classe média tradicional não sejam racistas, pois o preconceito se desvincula estruturalmente da dimensão econômica, transformando-se em dimensão psíquica que estrutura todos os âmbitos da reprodução social.
2. Permite que todos os preconceitos possam ser equiparados com o racismo, diminuindo a relevância do racismo como elementos estrutural e institucional, pois se perde de perspectiva o elemento que superestruturou o modo de produção capitalista no Brasil. Um prato cheio para a classe média tradicional, a qual transforma o racismo em preconceito racial, mesmo que propagandeie e alardeie o preconceito racial como "racismo estrutural". Essa transformação decorre da predominância e hegemonia do racismo enquanto expressão cognitivo-comportamental.
3. Pavimenta o caminho das fundações criadas pelos bilionários, dando sustentação à ideia-força de que as desigualdades seriam superadas pela educação (Posição 1).

Importante destacar que o item 3 consiste em uma estratégia mais elaborada. Em meio à pandemia, a Fundação Open Society e a Fundação Ford decidiram investir em "formação de lideranças negras", referenciando-se em Marielle Franco.[10] Quando das

10 Disponível em <https://www.opensocietyfoundations.org/newsroom/

ocupações das escolas estaduais de São Paulo, fundações como Itaú Social e Lemann fizeram cursos de formação de "lideranças". Toda aquela vanguarda se perdeu em cursos de *coaching* e liderança empresarial. Por que bilionários querem formar lideranças populares? E como podem?

Primeiro, há um ponto mais simples: doações a fundações resultam em grande isenção de impostos. Portanto, pegar o dinheiro de uma Ambev ou de um Itaú e colocar em uma fundação criada por eles mesmos é uma prática contábil para que o dinheiro fique em casa isento de impostos. É uma operação contábil.

Em segundo, essas fundações passam a disputar diretamente contratos de prestação de serviços com secretarias estaduais e municipais, objetivando gerir a miséria orçamentária com o argumento de eficiência administrativa, na qual a administração empresarial resolveria os "desvios" e "desperdícios". Portanto, privatizam as políticas públicas. Mas essa privatização tem uma motivação político-econômica: preservar o arranjo orçamentário que permite que o Estado pague aos burgueses das fundações os "lucros" da dívida pública e da dívida compromissada. Relaciona-se com o ajuste fiscal, em que tudo vira um problema de gestão. As fundações reproduzem os interesses políticos e econômicos dos seus donos, que estão imersos ativamente na estrutura de apropriação do orçamento por meio da transformação da renda de trabalho em renda de capital. Por isso, o orçamento para as políticas públicas é sempre suficiente.

Em terceiro, essas fundações formam lideranças que ocupam espaços na esquerda. Soros é anticomunista e Ford não foi somente anticomunista, mas declaradamente nazista, com direito à condecoração de Hitler. Essas "lideranças" pautam uma

---

international-and-brazilian-partners-announce-fund-marielle-franco/pt>. Acesso em: 20 de jul. de 2020.

centro-esquerda oferecendo algumas migalhas aos trabalhadores e não tocando no arranjo institucional do lucro, como impostos e transferências de capitais. Vide o exemplo da Tabata Amaral, a deputada da educação da Fundação Lemann. Quanto tempo a esquerda perdeu com ela? Qual o comprometimento dela com as pautas da Posição 2? Essas "lideranças" passam a ocupar alguns espaços na esquerda socialdemocrata e nos movimentos sociais pós-modernos. Bingo, ganhamos um racista formando lideranças supostamente progressistas e antirracistas.

Como um banqueiro pode ser feminista, antirracista, anticapitalista e anti-imperialista? Como que um bilionário que vê a sua renda de capital crescer a cada dia, como Jeff Bezos, dono da Amazon, que ganhou US$ 13 bilhões de dólares (R$ 67 bilhões) em um único dia em plena pandemia, pode ser politicamente popular quando a apropriação de renda de capital se fundamenta na exploração de trabalhadores e na conversão de renda de trabalho em renda da capital? Para efeitos de comparação, até a semana de 20 de julho de 2020, o Governo Federal pagou R$ 76 bilhões de auxílio emergencial a 63 milhões de pessoas. Em um dia Bezos ganhou R$ 67 bilhões, mas tem a sua *Bezos Earth Fund* para o deslumbramento da esquerda socialdemocrata que acredita religiosamente na bondade humana (Posição 1).

A Fundação Itaú Social, a Fundação Roberto Marinho e a Fundação Lemman não podem atuar para o aumento do financiamento da educação quando o Itaú, a Globo e a Ambev necessitam da diminuição dos investimentos sociais para o pagamento de juros da dívida pública, esquema que faz com que se tornem mais ricos quando todos estão se tornando mais miseráveis. Ao contrário, tornam-se árduas defensoras da Reforma Administrativa, um meio de privatização e terceirização do serviço público, destruindo as políticas públicas e os direitos sociais. Tudo é um problema de gestão de recursos. Na prática, essas fundações são braços políticos de suas empresas-mães, com o objetivo de gerir o caos e a miséria para que as matrizes continuem a se apropriar das rendas nacionais, transformando-as em renda de capital. Como mediação, "lideranças" são criadas para legitimar esse projeto político. Essa é a lógica dessas fundações de bilionários em qualquer parte do planeta.

Como lembra Aimé Cesairé,

> não cuides de saber se esses senhores estão pessoalmente de boa ou má-fé, se pessoalmente são bem ou mal-intencionados, se provavelmente, isto é, na sua consciência íntima de Pedro ou Paulo, são colonialistas ou não, o essencial é que a sua muito aleatória boa-fé subjetiva não tem relação com o alcance objetivo e social da reles tarefa que executam (...).[11]

Burgueses não podem ser antirracistas assim como não podem ser anticapitalistas. Isso vale para os grupos predominantes na classe média tradicional brasileira – esse segmento não é universalizável como é a burguesia. Compreender o antirracismo fora das demarcações sociais da classe social consiste em reproduzir os mecanismos de reprodução do racismo. Não existe movimentação de capitais sem racismo; se todos fossem iguais, todos teriam o mesmo valor de força de trabalho. A desigualdade do valor da força de trabalho começa e termina com a reprodução do valor social desigual das raças demarcadas em Estados-Nação. E o "antirracismo" para a burguesia e parte significativa da classe média tradicional é sempre subsumido ante à hierarquização dos valores sobre os capitais, como a absolutização do direito à

11 CÉSAIRE, Aimé. *Discurso sobre o colonialismo*. Prefácio de Mário de Andrade. 1ª edição. Lisboa: Livraria Sá de Costa Editora, 1978, p. 40.

propriedade privada. O racismo é um amplificador social da não igualdade para os capitais.

O identitarismo e a pós-modernidade proporcionam um pequeno brinde à burguesia. Surge o antirracismo desvinculado do anticapitalismo, um presente. Com a ascensão do movimento fascista, surge o antirracismo atrelado a movimentos que alicerçam o fascismo, como as fundações ultraliberais, as *startups* e os *think tanks* de direita, outro pequeno alento psíquico para a classe média *cool* e empreendedora residente da Vila Madalena e da Faria Lima.

# Como e quem pode ser antirracista?

Um dia eu tava na escola no patio fazendo
educação fisica ai derepente o helicopetero passou
dando tiro para baixo ai todo mundo correu
para o canto da arquibancada ai quando passou
o tiro a gente correu para dentro da escola até a
minha mãe me busca ai eu fui para casa
com ela. quando deu mais tiro eu tava em
casa.

# 5.

Quem potencialmente pode ser antirracista? A resposta exige algumas mediações, mas considero oportuno iniciar pela resposta: a classe trabalhadora.

Da mesma forma que o neocolonialismo não foi, o racismo, essência do neocolonialismo, não é um equívoco de caráter, uma falha formativa, um mero resquício do escravagismo. Não, o racismo existe porque cumpre função social na reprodução das relações sociais desenvolvidas pelo modo de produção capitalista e a formação social correspondente. E como o racismo é estrutural e conjuntural, ou seja, quem é objeto do racismo depende de fatores intrínsecos a uma determinada formação social, deduz-se que sem o racismo não haveria condições objetivas de movimentação de capitais: se todos receberem o mesmo salário, se todos se apropriassem do mesmo *quantum* para a reprodução da vida, por que o capital teria saído da Inglaterra no século XIX? Por que montadoras de carros procurariam asiáticos e latino-americanos? Por que complexos industriais-financeiros procurariam crianças em parte da África e da América Latina? Sem a racialização do planeta, sem a naturalização da superexploração sobre determinadas raças e povos, se os capitais tivessem a mesma apreciação sobre todos os seres humanos independentemente da formação social, não existiria exportação de capitais, o famoso imperialismo, etapa superior do capitalismo.

A exploração a longo prazo nos países periféricos depende da formação de uma burguesia no país cuja força de trabalho explorada, para ser nacional, seja internacionalizada. Ou seja, a burguesia, em muitos casos, é nacional porque é internacionalizada de forma subordinada ao capital mundializado. Grande parte da burguesia latino-americana existe para ser internacionalizada e se acomodar onde pode. Quando algo dá errado, corre para Miami e se transforma em uma comunidade latina com algum capital e ajuda governamental, ao contrário dos trabalhadores mexicanos, salvadorenhos, hondurenhos e guatemaltecos, basicamente trabalhadores desesperados. Na estrutura e nos elementos conjunturais do racismo norte-americano, sofrem racismo, mas muito distante dos trabalhadores latino-americanos que cruzam a fronteira, o muro, os cães e as jaulas.

As teorias da racialização desenvolvidas ao longo do século XIX e XX foram o substrato da formação dos Estados-Nação na América Latina, especialmente no sul da América do Sul, onde a imigração branca e europeia concomitante à proibição da imigração negra se transformou na principal Política de Estado. Além da proibição, o controle, encarceramento, genocídio dos que aqui estavam foram a outra ponta, complementados pela substituição formal de trabalhadores negros – que na escravidão faziam todos os serviços manuais, inclusive os técnicos – por trabalhadores brancos. Portanto, se africanos e asiáticos foram e são o objeto do neocolonialismo inglês, para a burguesia latino-americana os negros e nativos dentro dos Estados-Nação eram e são o objeto do neocolonialismo introjetado, tal qual os judeus e os eslavos para Hitler.

Sem a racialização, o sistema tributário regressivo brasileiro descrito teria encontrado mais dificuldades para ser construído.

Sem a racialização, o valor médio da força de trabalho brasileira teria outro processo formativo, uma vez que a racialização ensejou não somente a substituição do negro pelo branco por meio do embranquecimento, mas a consolidação de um segmento mais precarizado que, como elemento mais próximo da miséria, permitiu a racialização sobre a classe trabalhadora, ou seja, a emergência do racismo enquanto prática social dos trabalhadores brancos sobre os trabalhadores negros como estratégia de potencialização de chances mais efetivas de reprodução da vida da família e do grupo social. Essa estratégia foi amplamente aplicada pelos imigrantes europeus ao longo dos últimos 150 anos, com políticas e financiamento estatais da elite brasileira que introjetaram a racialização neocolonial na formação do Estado-Nação brasileiro. Em contrapartida, a formação de um segmento miserabilizado foi e é um forte fator impeditivo para o aumento do valor médio da força de trabalho geral, tornando a distinção dos brancos sobre os negros apenas em um semiprivilégio sobre a pobreza.

Em suma, a racialização permitiu a focalização das moradias, saneamento básico, escola, saúde, trabalho e renda para os trabalhadores brancos, forjando o evidente correspondentismo entre raça branca e classe média tradicional e burguesia no Brasil, entre branco e igualdade. Por isso o racismo é uma forma de igualdade que parte da constatação de que a igualdade não pode ser universalizada a todos. É a raiz do pensamento liberal-conservador. É o que explica o apego dos liberais-conservadores à igualdade formal de oportunidades.

Com o avanço do neoliberalismo já na Ditadura Civil-Militar, muitos brancos se tornaram trabalhadores pobres e miseráveis, sendo alguns tanto quanto os negros, formando uma grande massa de trabalhadores submetidos a intempéries muito parecidas, como violência estatal, fome, ratos e fezes. Aqui temos uma face da necropolítica: a emergência de um processo em andamento de transformação de parte dos trabalhadores brancos em negros em virtude do avanço da miséria e da precariedade da vida, "os quase brancos tratados como pretos só para mostrar aos outros quase pretos (...)" e aos pretos. Isso ocorre porque o neoliberalismo repactua a noção de igualdade com base em uma racialização que permite a emergência de uma subclasse média negra ao mesmo tempo em que a miserabilidade graça entre os trabalhadores negros, arrastando uma quantidade significativa, quando comparada historicamente, de trabalhadores brancos. O aumento da informalidade ante os empregos formais após a Reforma Trabalhista expressa esse processo.

Porém, não é essa transformação que faz o trabalhador branco potencialmente antirracista. A transformação é apenas um dado e um aviso. Com o tempo e o avanço do neoliberalismo e do rentismo, tornar-se-á cada vez mais descartável, em que algum aplicativo de entrega o espera no Google Play com o mimo de um banheiro improvisado em uma árvore de uma esquina escura. Na formação da Nação brasileira, esse espaço foi criado para ser destinado aos negros, que deveriam ter desaparecido. Mas não desapareceram. Ao trabalhador branco que está lendo esse texto, saiba que o seu filho não terá a mesma sorte - reduzida - que teve; e não adianta resolver com o niilismo machadiano.

O trabalhador branco pode ser potencialmente antirracista porque é aquele que não é agente direto dos mecanismos da reprodução econômica racializada. Embora tenha mais direitos na classe trabalhadora, é objeto da exploração e da reprodução da desigualdade. Quando é agente, o é por meio da manutenção do espaço-forma de apropriação de mais valores de uso à reprodução de sua vida enquanto trabalhador. Portanto, é agente relacional de uma racialização dentro da classe; não é agente ativo, como os Moreira Salles ou os Marinhos. Por isso que trabalhador é racista, pois se encaixa em uma restrita estratégia de acomodação na classe trabalhadora. Mas é um encaixe da estrutura criada e reproduzida pela classe dominante e classe média tradicional, e reproduzida ativamente por elas, pois são elas que controlam em graus distintos os mecanismos sociometabólicos e institucionais de poder.

Educação antirracista vinda da burguesia ou para a burguesia é terraplanismo. Dirigida a ela é cloroquina para Covid-19. Na prática, fomenta a perspectiva de que o racismo é especificamente defeito formativo e falta de alteridade. Potencialmente, a burguesia não pode ser estruturalmente antirracista. Apenas a classe trabalhadora pode construir uma *práxis antirracista*, que necessariamente é revolucionária (Posição 4). A questão é: um indivíduo que recebe R$ 100 mil ao mês estaria disposto a entregar algo em torno de R$ 30 mil ou R$ 40 mil em impostos para transferência direta aos trabalhadores mais pobres (negros e brancos) e políticas públicas de saneamento básico, moradia e afins (Posição 2)? Como essa medida é rechaçada pela classe média tradicional e pela burguesia, partes substanciais delas, as mais voltadas a alguma filantropia e negócios com entes federados, vão para a Posição 1 defendendo a importância da educação, como se tivessem se transformado em burgueses com educação. Essa ida à Posição 1 reflete um desencantamento pela Posição 0, inviável para a ampliação do consumo de alguns capitais, que reforma o consumo com as bases conservadoras da meritocracia brasileira, incorporando o famigerado empreendedorismo negro.

Com recursos e uma boa apresentação da representação negra, arrastam movimentos populares que historicamente foram criados com a perspectiva de transformação educacional, ou "revolução pela educação" (sic!). Outra parte da burguesia e da classe média tradicional, em que o núcleo cultural conservador é fundamental, mergulha na Posição 0, a naturalização pura e simples da exploração e da desigualdade com a defesa da violência estatal para a aplicação do ultraliberalismo. Muitos desses são os bolsonaristas mais convictos e caricatos acompanhados dos liberais do mercado e dos meios de comunicação. Em suma, o burguês não preconceituoso se vê em um conflito existencial diante da Posição 0 e da Posição 2, porque o seu espírito burguês o chama ao bonapartismo; como solução, vai para a Posição 1. Quando a Posição 1 também se torna um entrave, como pequenos aumentos dos investimentos públicos em um patamar que impede o compromisso orçamentário entre os governos e o rentismo, vai para a Posição 0; alguns com algum estilo garboso e elegante da distinção bourdieuniana, como Lemann, a Globo e o Estadão; outros sem, como Guedes, FIESP e Bolsonaro.

Na disputa ideológica da classe dominante, a Posição 2 é empurrada artificialmente para a Posição 4 pela Posição 0 e parte dos adeptos da Posição 1, em que qualquer um que passe a defender taxação dos mais ricos é rotulado de comunista, assim como aconteceu com aqueles que defendiam a Reforma Agrária no Abolicionismo ou as Reformas de Base em 1963-1964, suprimidas pelo Golpe de 1964 com o financiamento e governança dos empresários. É o liberalismo brasileiro. O objetivo é solapar a Posição 2, considerada comunista à burguesia. As burguesias nacionais são consortes dos capitais mundializados, cuja única perspectiva é a de acomodação. O embranquecimento neocolonial lhes deu a ojeriza ao povo que não se transformou fenotipicamente, geneticamente e culturalmente. No caso brasileiro, forjou-se o substrato ideológico ao discurso de que "o brasileiro não tem jeito". A burguesia brasileira é um autoprojeto não realizado. Por isso as caricaturas cada vez mais comuns e normalizadas até mesmo por aqueles que ainda insistem distintivamente na realização do projeto.

O fato é que, ao empurrar a Posição 2 para a Posição 4, evidencia-se que a Posição 4 se vê em meio a um rebaixamento teórico-metodológico e de projeto de poder. Vê-se obrigada, muitas vezes, a defender o projeto iluminista-liberal e do Estado de Bem-Estar Social, confundindo-se e se diluindo. Essa diluição em meio ao avanço avassalador do neoliberalismo leva, muitas vezes, organizações da Posição 4 à Posição 2 e, eventualmente, à Posição 1.

Mas como pensar a questão negra na Posição 4? Movimentos negros que orbitam a Posição 2 e a Posição 1 criticam as organizações da Posição 4 por negligenciarem elementos ontológicos, como a dimensão da raça e o problema do negro brasileiro. Organizações políticas e movimentos sociais que estão na Posição 4 e que, eventualmente, orbitam a Posição 2, afirmam que a identidade se transformou em um instrumento conservador que desloca a dimensão da reprodução das relações de produção. A velha e surrada polarização (falsa) entre raça e classe. Contudo, politicamente, ambos estão corretos e errados. Antes de responder à questão, debrucemo-nos sobre a crítica de parte do movimento negro à Posição 4.

A crítica se pauta na secundarização da cultura em detrimento da política e da economia, na qual a luta de classes explicaria tudo. O mais correto a ponderar é que a crítica está historicamente correta e epistemologicamente errada. É historicamente correta pela forma como se cristalizou a categoria entre os partidos ao longo do século XX em parte da América Latina – excetua-se as organizações de países andinos em que a racialização superestruturante objetuou os povos nativos americanos, no qual José Carlos Mariátegui é o seu principal expoente com uma análise ímpar sobre a peculiaridade (particularidade) da formação social peruana; os acadêmicos e militantes brasileiros descobriram-no apenas no exílio da Ditadura Civil-Militar, demonstrando o eurocentrismo histórico da esquerda brasileira, que sempre procurou encaixar teóricos europeus sobre a realidade brasileira e latino-americana.

A crítica é correta na medida em que a análise predominante ao longo do século XX não conseguiu estabelecer as peculiaridades das formações sociais de cada Estado-Nação, assim como pecou em traduzi-las em política e projeto de poder. Mas, como provam Mariátegui, Amilcar Cabral, Lumumba, Frantz Fanon, Samora Machel, Thomas Sankara, Aíme Cesaíre, Clóvis Moura e muitos outros, o erro é político-histórico e, por isso, epistemológico. Ao ignorar politicamente as particularidades da classe trabalhadora, não há como projetá-la em sua totalidade.

Hoje temos mais dados sobre a experiência negra brasileira, uruguaia, venezuelana, equatoriana e colombiana. Sabemos, por meio de Fanon, da experiência antilhana e das agruras do negro imigrante na França. Sabemos da experiência nativa brasileira e, principalmente, boliviana e peruana, da forma como o Chile embranqueceu a sua história, expulsando nativos e negros e proibindo suas atividades culturais, e a Argentina dizimou a sua população negra. Mas penso que devemos compreender a crítica com base em uma experiência recente ignorada e que, enquanto experiência, pode nos dar a chave para responder à questão sobre quem pode ser antirracista e compreender a relação entre classe e raça. Analisemos a experiência negra cubana, um ponto fora da curva das formações sociais latino-americanas no século XX, pois é o único país que conseguiu sair da experiência existencial de ser um quintal neocolonial dos EUA para ser um inimigo aberto. Em outras palavras, criou meios para escapar da racialização imperialista norte-americana sobre o continente (norte-americanos anglo-saxões sobre os latino-americanos). A grande questão é se escapou da própria racialização.

A independência cubana foi travada em uma guerra contra a Espanha que se iniciou em 1868.[1] Conhecida como a Guerra dos 10 anos, ela foi claramente abolicionista. Portanto, temos uma diferença gritante com o Brasil. Enquanto no Brasil a independência foi negociada com Portugal e perpetuada simbolicamente com a transmissão da nova pátria ao filho do rei de Portugal, e a Proclamação da República foi um golpe dos escravocratas e conservadores contra a monarquia por não ter conseguido barrar a abolição, em Cuba, o movimento da independência foi travado por meio de uma guerra formal com ampla adesão de negros. Como resultado, Espanha estabeleceu a Lei Moret, em 1880, segundo a qual a escravidão terminaria em determinado prazo, o que de fato aconteceu em 1886, deixando o Brasil como o último país do planeta a proibir a escravidão de africanos e seus descendentes.

Em 1895, iniciou-se uma nova guerra contra a Espanha, também com ampla adesão de negros que vislumbravam a possibilidade de melhorar a vida com o afastamento dos espanhóis. Os Estados Unidos entraram na Guerra, impondo a derrota aos espanhóis. A entrada dos EUA se deu com uma invasão e ocupação formal e a introdução de um aparato jurídico de subordinação da ilha, transformando-a em uma espécie de semiestado norte-americano.[2]

1 Os dados históricos sobre Cuba foram retirados de *História das Américas*, dirigida por Ricardo Levene (Professor das Universidades de Buenos Aires e La Plata) e Pedro Calmon (edição brasileira), Vols. VII e XI, Rio de Janeiro-São Paulo-Porto Alegre: W.M. Jackson, 1947; e *Historia de Cuba* (Nivel medio superior), s.d.

2 Para análise do contexto cubano, foram usadas as seguintes obras: DURÃES, Bruno José Rodrigues; MATA, Iacy Maia. Cuba, os afro-cubanos e a revolução: passado e presente. *História Social*, n. 17, 2009. CABRERA,

É importante pontuar que nas duas guerras o discurso predominante era o da Democracia Racial, e aqui temos outra diferença gritante com o Brasil. Enquanto nesse momento a Democracia Racial era estabelecida com as políticas de eugenia e de embranquecimento como Políticas de Estado, com o encarceramento de negros por meio da Código Criminal de 1890, expulsão dos centros urbanos por meio das reformas das cidades, a proibição da imigração de "nativos na África", em Cuba o conceito de Democracia Racial fora estabelecida na luta abolicionista e pela independência. Ou seja, enquanto no Brasil a noção se deu pela negação existencial do negro, em Cuba se deu com alguma dose de afirmação. Uma diferença gritante foram as políticas de perseguição, encarceramentos e assassinatos de pais de santo no Brasil por "charlatanismo" (artigo 157) por mais de cinquenta anos e a aceitação parcial da Santeria no centro administrativo e político de Cuba, a Havana Velha, o que não significa que não tenha existido perseguição religiosa.[3]

A construção política da pauta nos negros foi registrada no sufrágio universal masculino. Essa construção política vigorosa

---

Olga. Gênero, sexo e raça e a formação de subjetividades femininas em Cuba, século XIX. *Estudos Feministas, Florianópolis*, v. 25, n. 1, jan./abr. 2017, p. 117-145. SOUZA, Bárbara Oliveira. *A ambígua condição negra em Cuba: relações raciais e mobilizações coletivas antirracistas*. (Doutorado em Antropologia) Universidade de Brasília, Brasília, 2016. CASTELLANOS, DIMAS. A discriminação do negro em Cuba: causas e consequências. *Lugar Comum*. n. 29, p. 99-116. MESA-LAGO, Carmelo. Balance económico-social de 50 años de revolución em Cuba. *América Latina Hoy*, v. 52, ago. 2009, p. 41-61. RUIZ, Pablo Rodrígues (entrevista). O problema racial se resolverá quando se destruírem a negrura do negro e a brancura do branco. *Sociologia e Antropologia*. Rio de Janeiro, v. 7, n. 1, abr. 2017, p 269-281.

3 Fulgêncio Batista era adepto da Santeria, algo impensável no Brasil. Todos os candidatos, inclusive da esquerda, costumam, em campanha eleitoral, participar de missas católicas e cultos evangélicos a fim de construir a perspectiva do bom cristão, que deve ser afastado do "satanismo" da África amaldiçoada do Candomblé.

dos negros cubanos e a oposição entre formalidade e realidade propiciou a formação de um dos momentos mais interessantes da história dos negros latino-americanos, com a tentativa de fundação do Partido dos Independentes de Cor, em 1912. A sua fundação foi proibida, provocando um levante armado dos negros cubanos, sufocado e seguido pela morte de milhares. E foi nesse processo que o mito da Democracia Racial sofreu uma espécie de viragem. Se antes tinha alguma dose de conquista de direitos, após o genocídio passou a ser abertamente restritivo a direitos, uma vez que o racismo não existiria. Digo espécie de viragem porque, por óbvio, para a classe dominante cubana o significado da Democracia Racial sempre foi o da restrição.

Nesse momento, o mito da Democracia Racial começou a cumprir explicitamente de forma determinante a mesma função no Brasil: impedir a consecução de direitos por meio da negação da segmentação racial da classe trabalhadora e da sociedade enquanto, na prática social, a segmentação racial da classe trabalhadora é um elemento sobredeterminante das relações de produção. O mito da Democracia Racial cumpre a função de restringir o negro na segmentação social historicamente construída negando a existência da segmentação pela censura epistemológica, política e histórica. É uma mimetização latino-americana, com base em suas particularidades, da negação da exploração do capital sobre o trabalho.

Essa conceituação conservadora impactaria a Revolução de 1959. Não cumpre discorrer sobre as etapas da revolução, mas compete evidenciar que a Revolução é compreendida em Cuba como uma espécie de término da Guerra pela Independência. Portanto, a Revolução é compreendida como uma Proclamação da Independência, uma vez que os EUA tinham ampla ingerência política e administrativa em virtude da Emenda Platt, aprovada em 1901. Quando se fala com um cubano sobre a Revolução, a compreensão é distante da vendida pela imprensa anti-Cuba ao redor do planeta, como uma revolução especificamente socialista contra a *liberdade* do mundo liberal e de seus drones, vinculada quase que mecanicamente às demandas da CIA e dos principais jornais norte-americanos, como *New York Times* e *Washington Post*. Uma luta pela independência contra os EUA representados por Fulgêncio Batista.

A Revolução proibiu os clubes, escolas e trabalho exclusivos a brancos, assim como garantiu o acesso ao trabalho aos negros, atacando o controle sobre a mobilidade econômica. Esse é um ponto importante: no Brasil, após a abolição, um dos fatores para a desigualdade entre negros e brancos foi o controle da mobilidade econômica pela burguesia e classe média tradicional, em que os brancos (brasileiros e imigrantes) contratavam apenas brancos. Esse fator se sobredetermina atualmente, como demonstram inúmeras pesquisas sobre o "mercado de trabalho",[4] assim como na constatação, já falada, de que o acesso ao Ensino Superior de negros de forma mais vigorosa a partir de 2010 vem sendo acompanhado pelo aumento da desigualdade de renda entre negros e brancos, cuja desigualdade de renda, em 2017, atingiu a chifra de R$ 808 bilhões em rendas de trabalho, segundo a pesquisa *O Desafio da Inclusão*, do Instituto Locomotiva.

---

4 CHADAREVIAN, Pedro C. Para medir as desigualdades raciais no mercado de trabalho. *Revista de Economia Política*, São Paulo, v. 31, n. 2, abr./jun., 2011. PRONI, Marcelo Weishaupt; GOMES, Darcilene Claudio. Propriedade ocupacional: uma questão de gênero e raça. *Estudos Avançados*, São Paulo, v. 29, n. 85, set./dez., 2015. NUNES, Jordão Horta; VILASBOAS E SANTOS; Neville Julio de. A desigualdade no "topo": empregadores negros e brancos no mercado de trabalho brasileiro. *Civitas (Revista de Ciências Sociais)*, Porto Alegre, v. 16, n. 2, abr./jun., 2016.

A reforma agrária de 1959, a nacionalização das empresas norte-americanas e a socialização dos meios de produção, com maior centralização do Estado, atacou as desigualdades em termos econômicos. Aliadas a esse processo, as universalizações dos serviços sociais permitiram que os negros, antes marginalizados em aspectos básicos, passassem a ter aumentos significativos na expectativa de vida e na escolarização. Tanto um quanto o outro foram satisfatoriamente solucionados na década de 1960, especialmente quando se compara com o restante do continente americano.

Em contrapartida, a proibição de espaços restritos a brancos foi acompanhada pela proibição de espaços para negros, equivalendo duas coisas completamente distintas: uma coisa é a restrição daqueles que não possuem o direito (locais para brancos para a reafirmação da distinção branca); outra coisa é a organização dos sem direitos em oposição ao Não-Ser, em busca da constituição do Ser (espaços para organização dos negros). Organizações e movimentos sociais vinculados aos negros cubanos foram fechados, quando deveriam ser entendidos como formas de organização e expressão da classe trabalhadora. E, em uma canetada, Cuba declarou o racismo extinto porque a desigualdade racial estaria superada. Experiências particulares dos trabalhadores negros foram solapadas por uma perspectiva em parte idealista do que seria o proletariado. O racismo estava dado na sociedade cubana, embora os mecanismos econômicos e sociais de reprodução do racismo fossem em parte contraproducentes à sua expressão da maneira feita no Brasil e em outros países latino-americanos. Em outras palavras, o racismo tem uma dimensão cognitivo-comportamental que não pode ser desprezada.

A conclusão é óbvia e parece em parte concordar com o argumento conservador de que o racismo enquanto expressão cognitivo-comportamental é o fundamento do combate ao racismo. Mas esse argumento é uma conclusão aligeirada e um tanto quanto patética. Na sociedade brasileira, a dimensão cognitivo-comportamental é usada como forma de escamotear a dimensão econômico-reprodutiva; na sociedade cubana, a dimensão cognitivo-comportamental se expressou como elemento contraditório nas relações sociais à luz da diminuição e ausência dos mecanismos econômicos-reprodutivos do racismo. Quando do fim da União Soviética, do aumento do bloqueio econômico dos EUA e da crise da década de 1990, a dimensão cognitivo-comportamental passou a se coadunar com os mecanismos econômicos-reprodutivos da abertura econômica, uma vez que a desigualdade econômica retornou com a inserção cada vez maior do capital privado, notadamente por meio do turismo.

Há fatores exógenos aos marcos territoriais cubanos, como o envio de divisas em dólar por familiares cubano-americanos, o que é acentuado pela divisão racial dos emigrados aos EUA, algo em torno de 92% de brancos que nos EUA se tornaram não-brancos. Por outro lado, essa divisão mostra como a Revolução Cubana destituiu a burguesia (cassinos e fazendas) e a classe média brancas, evidenciando-lhe um caráter eminentemente popular.

Os familiares brancos em Cuba recebem o grosso das divisas enviadas pelos familiares em Miami, assim como são escolhidos (racialização) pelos *resorts*, hotéis e restaurantes para o trabalho com turismo, fazendo com que tenham mais acesso aos dólares e euros em detrimento do peso cubano.

Em viagem à Cuba, constatei que há uma clara divisão entre aqueles que atuam diretamente com os turistas, predominantemente brancos, e aqueles que trabalham nas cozinhas, predominantemente negros, o que fazia com que tivessem menos acesso à moeda estrangeira, com explícita reclamação dos trabalhadores negros ao único negro latino-americano do hotel – havia muitos negros franceses e norte-americanos, pois é um lugar agradável para um negro visitar, especialmente comparado com os países europeus e outros países americanos. Da mesma forma, as casas autorizadas para turistas são predominantemente de brancos, mesmo em Havana Velha, bairro predominantemente ocupado por negros, uma vez que a remessa de parentes faz com que tenham mais condições de entrar no negócio. Portanto, a abertura de parte da economia ao mercado predatório do turismo explicitou o que até então predominava no âmbito cognitivo-comportamental, expressando-se e legitimando a desigualdade econômica dos capitais por meio da remessa de divisas.

Entretanto, a expressão cognitivo-comportamental também revela que Cuba não atacou o problema quando tinha mais condições objetivas para tal, e isso se deve à ideologia da Democracia Racial como elemento conservador que superestruturou à Revolução Cubana, o que nos leva a estabelecer a hipótese de que a distribuição de recursos entre 1959 e 1989 expressou alguma dimensão racializada na reprodução econômica. Em suma, a discriminação positiva é importante, como hoje defende o movimento negro cubano. Deveria ter sido feita após 1959 como uma das etapas da Revolução.

Mas isso significa que a discriminação positiva dá conta dos problemas raciais? Não! Não sigamos a lógica do banqueiro que acumulou o seu capital inicial com escravagismo (compra, venda e exploração) e acumula com apropriação de renda dos trabalhadores pobres e negros enquanto faz propaganda empoderada e inclusiva com "toda a diversidade humana". A discriminação positiva sem a destruição dos mecanismos econômicos-reprodutivos tende a ser ineficaz em longo prazo. Se não ineficaz, com efeito reduzido, como mostrou o caso dos negros norte-americanos. Talvez se tenha um burguês negro aqui e acolá, uma Oprah, uma pequena classe média negra que consiga pagar o financiamento universitário para o filho, mas, para isso, continua-se a ter uma grande massa de negros miseráveis, encarcerados e mortos pela polícia, com todos os mecanismos de apropriação e de exploração pelo capital sobre uma classe trabalhadora racializada. O racismo possui uma dimensão cognitivo-comportamental, mas a essência do fenômeno é o racismo como elemento que superestrutura as relações de produção. O ataque real ao racismo depende da luta contra a estrutura econômica racializada e a dimensão cognitivo-comportamental que a reproduz.

Cuba deve ser visto como uma experiência americana sobre as possiblidades e limitações da luta antirracista no modo de produção capitalista e no modo de produção socialista: mesmo negando ao negro ser um elemento diverso da classe trabalhadora, o negro cubano teve, sem sombra de dúvidas, as melhores condições objetivas diante dos negros da América Latina,[5] o que demonstra

---

5 SAWYER, Mark Q. *Racial Politics in Post-Revolutionary Cuba*. New York: Cambridge University Press, 2006. O autor expõe o negro cubano como um sujeito ciente das relações racistas na qual está submetido, mas reforça que há o entendimento de que "enquanto o movimento de independência ajudou a dar fim à escravidão e a conceder a cidadania formal aos cubanos negros, a Revolução Cubana eliminou os vestígios de segregação formal que restava na sociedade" (2006, p. 175). Mesmo que a decretação do fim do racismo tenha imposto uma limitação política ao negro cubano, há o entendimento de que, "a despeito da discriminação que sofrem", sabem que "possivelmente sejam a população negra mais saudável e com melhor escolaridade do mundo" (2006, p. 180). Essa impressão aumenta quando eles analisam os vizinhos, como República Dominicana, Haiti, Guatemala, Honduras, Nicarágua, Costa Rica e Panamá, e a comunidade cubano-

o quão é fundamental a socialização dos meios de produção para os trabalhadores negros. É condição objetiva e primeira do fim do racismo. Dessa forma, é possível reafirmar a sentença de Malcolm X: sem racismo, não há capitalismo. O racismo é elemento estruturante das relações de produção capitalista, pois a movimentação de capitais depende da desigualdade política, étnica e cultural da classe trabalhadora à luz da branquitude histórica do neocolonialismo e do liberalismo.[6] Contudo, a despeito da visão romantizada da Revolução, a cura não está em homogeneizar a classe com uma caneta à luz do que se convenciona entender como classe trabalhadora (idealismo apegado implicitamente à branquitude), mas em abarcar as experiências dos trabalhadores

---

americana, que compreende os negros cubanos como sustentáculos acríticos do regime cubano, enxergando a demanda dos negros cubanos como uma demanda comunista (Posição 0 no Brasil). Essa visão faz com que, sem se desvincular do ideário da Democracia Racial e do passado de branco burguês, a comunidade cubano-americana seja vista de forma negativa, uma vez que a "discriminação racial" não existiria ou seria uma pauta tipicamente comunista. Segundo Sawyer, "quando combinada com uma visão negativa sobre políticas redistributivas, sua antipatia contra negros, e seu limitado senso sobre a constituição da cultura cubana", a pauta dos negros cubanos se constitui em "um problema para o relacionamento entre exilados cubanos nos Estados Unidos e cubanos na ilha. Em Cuba, os afro-cubanos rejeitam as propostas feitas pela liderança cubano-americana, pois consideram racistas" (2006, p. 174).

6 Aqui está um equívoco de Pablo Rodrígues Ruiz (2017, p. 278) quando afirma que o problema racial "se resolverá quando destruírem a negrura do negro e a brancura do branco". É a branquitude que surgiu do neocolonialismo e do liberalismo como elemento estruturante da racialização em todo o planeta. Como explicar a racialização francesa no Vietnã, a racialização inglesa na China e a racialização norte-americana nas Filipinas sem a branquitude como instrumento cientificista do liberalismo e dos capitais? O pensamento acaba por cair em uma perspectiva ingênua segundo a qual, ao fim das coisas e da história, todos seríamos um.

na classe como elementos da totalidade. O racismo persiste após o ato revolucionário, e deve ser abertamente combatido como luta permanente de uma revolução permanente.

Aliás, temos um paradoxo histórico de Cuba. Cuba foi o país não africano que mais atuou para a libertação e a independência de países africanos, com especial destaque para a Independência em Angola. A ajuda militar se deu após pedido do Movimento Popular de Libertação de Angola (MPLA) quando as tropas sul-africanas invadiram Angola sob o auxílio norte-americano. Em 1987, o governo sul-africano promoveu uma grande invasão em Angola, com os auspícios dos EUA e da Inglaterra, a fim de colocar no poder uma organização treinada pela CIA, a União Nacional para a Independência Total da Angola (UNITA). Os dois países impediram a aprovação de sanções contra a África do Sul, que recebia armas dos EUA e Inglaterra via Israel. Cuba enviou, novamente, contrariamente à posição da URSS, já em crise, milhares de combatentes, que venceram novamente as tropas sul-africanas em Cuito-Cuanavale em conjunto com o MPLA. Em seguida, as tropas cubanas, do MPLA e da Organização do Povo do Sudoeste Africano (SWAPO) expulsaram as tropas sul-africanas da Namíbia, chegando às fronteiras da África do Sul. A vitória cubana, do MPLA e da SWAPO foi fundamental para a independência definitiva de Angola e da Namíbia, além de ter sido o momento de virada para o fim do apartheid com a debilitação do exército sul-africano.

Contudo, Cuba não conseguiu atender às demandas objetivas, subjetivas e existenciais do negro cubano, o que nos dá conta da complexidade não só do momento, mas das alternativas históricas de superação do racismo. O fato é que na América somente Cuba teve a oportunidade de atacar a sua alma, pois conseguiu atacar o corpo. A alma fica quando o corpo se deteriora.

Não atacá-la permite que regenere partes do corpo todas as noites, como com Prometeu. Não se pode deixá-la na pedra! É preciso matar Prometeu todas as noites!

Quando estive por alguns dias em um hotel em Cuba, tive a oportunidade de ter uma experiência distinta da imaginada, pois até então estava na casa de um casal em Havana Velha, cujo marido fora um combatente em Angola. Estava sem camisa e uma senhora negra viu a minha tatuagem do Zumbi dos Palmares no peito. Trabalhava em uma espécie de sorveteria. Ela me parou e disse: "É o Zumbi dos Palmares! Em Cuba não temos um dia como no Brasil". Achei que fosse uma brasileira, pois a sua fala era tipicamente brasileira; além do mais, reconhecer Zumbi dos Palmares em uma tatuagem requer conhecimento específico muito refinado (mesmo no Brasil, dificilmente as pessoas o reconhecem; costumam perguntar se é homenagem ao meu pai).

Conversamos longamente durante três horas. A sua formação política e cultural sobre o Brasil está muito acima do brasileiro formado em uma universidade pública, o espaço institucional brasileiro de reprodução do *status quo* da classe média e de parte da burguesia brancas. Apresentou uma longa exposição sobre a história da música brasileira. Nesse meio de caminho fomos interrompidos por um uruguaio que nos interpelou sobre a inexistência de raças para Jesus Cristo e pessoas de outras nacionalidades pedindo algum sabor, respondidas por ela em seus idiomas (inglês, francês, russo e alemão). Havia aprendido português em um programa na universidade, no qual um dos métodos didáticos-pedagógicos fora a apresentação de músicas brasileiras. Desde então, tornou-se colecionadora e profunda conhecedora da música brasileira (não consegui acompanhar as suas observações sobre a história da música brasileira).

Em um determinado momento, conversamos sobre o negro cubano e o negro brasileiro (ponto inicial da conversa). Ela entendia e explicitava o erro de não ter práticas discriminatórias positivas em Cuba como no Brasil, apontando para os garçons, quase todos brancos. Disse-me que tinha inveja dos brasileiros por ter políticas específicas, em que respondi que a inveja poderia ser fruto de desconhecimento, pois mais da metade da população brasileira, majoritariamente negra, não possuía acesso a saneamento básico, assim como a distribuição desigual de profissões, inclusive para pessoas com a mesma formação, seguia padrão muito mais racializado, com o agravante de brutal desigualdade de salários e rendas de trabalho. Ela não compreendeu o que seria não ter saneamento básico, fazendo-me ter um dos momentos mais singulares da conversa, em que tive que explicar o que era não ter saneamento básico no Brasil ("um vizinho joga as fezes no córrego enquanto seu filho está nadando"). Ela se assustou e disse: "vocês precisam se rebelar!". Involuntariamente, fiquei desconcertado. Éramos metades históricas de uma totalidade perdida do negro americano. Ali sentimos o peso do que C. L. R James conceituou sobre a experiência partida e partilhada do negro das "Índias Ocidentais".

A totalidade da luta antirracista se dará com o ataque total ao capital e à branquitude como fator da formação racializada da classe trabalhadora e da sociedade. Essa totalização cabe ao proletariado, aquele que não controla os meios de produção e as relações de produção, o Estado e as políticas, aquele que é explorado pelo capital e pela burguesia. Da mesma forma que Césaire apontou que a salvação da Europa não cabia a uma "revolução de métodos", mas à "Revolução", para os negros e nativos americanos não cabe lutarmos para uma "revolução de métodos" criados pela burguesia especulativa e parasitária e sua classe média tradicional. Aqueles que são potencialmente os antirracistas são aqueles que sofrem "em sua própria carne todos os males da história, todos os males universais: o proletariado". É o proletariado em sua diversidade e totalidade que suprimirá o racismo. Mas, só o suprimirá, de fato, se o fim do mundo chegar à burguesia. À luta, proletariado!

# Referências


ALMEIDA, Silvio Luiz de. *Racismo Estrutural*. São Paulo: Sueli Carneiro; Pólen, 2019.

BASTIDE, Roger; FLORESTAN, Fernandes. *Brancos e negros em São Paulo: ensaio sociológico sobre os aspectos da formação, manifestações atuais e efeitos do preconceito de cor na sociedade paulistana*. Apresentação de Fernando Henrique Cardoso. 4ª edição. São Paulo: Globo, 2008.

BRANDÃO, Rafael Vaz da Motta. Os Moreira Salles, os Setúbal e os Villela: finanças e poder no Brasil. In: *Os donos do Capital: a trajetória das principais famílias empresariais do capitalismo brasileiro*. (Org.) CAMPOS, Pedro Henrique Pedreira; BRANDÃO, Rafael Vaz da Motta. 1ª ed. Autografia: Rio de Janeiro, 2017, p. 271-314.

CABRERA, Olga. Gênero, sexo e raça e a formação de subjetividades femininas em Cuba, século XIX. *Estudos Feministas, Florianópolis*, v. 25, n. 1, jan./abr. 2017, p. 117-145.

CASTELLANOS, DIMAS. A discriminação do negro em Cuba: causas e consequências. *Lugar Comum*. n. 29, p. 99-116.

CÉSAIRE, Aimé. *Discurso sobre o colonialismo*. Prefácio de Mário de Andrade. 1ª edição. Lisboa: Livraria Sá de Costa Editora, 1978.

CHADAREVIAN, Pedro C. Para medir as desigualdades raciais no mercado de trabalho. *Revista de Economia Política*, São Paulo, v. 31, n. 2, abr./jun., 2011.

DURÃES, Bruno José Rodrigues; MATA, Iacy Maia. Cuba, os afro-cubanos e a revolução: passado e presente. *História Social*, n. 17, 2009.

CARDOSO, Irene. *A Universidade da Comunhão Paulista (o projeto de criação da Universidade de São Paulo)*. São Paulo: Editora Autores Associados/Cortez Editora, 1982.

CONRAD, Robert. *Os últimos anos da escravatura no Brasil (1850-1888)*. Tradução de Fernando de Castro Ferro. 2ª edição. Rio de Janeiro: Civilização Brasileira, 1978.

DIETRICH, Ana Maria. *Nazismo Tropical? O partido nazista no Brasil*. (Doutorado em História Social). Faculdade de Filosofia, Letras e Ciências Humanas da Universidade de São Paulo. São Paulo, 2007.

FILHO, Júlio de Mesquita. A comunhão paulista. *Revista do Brasil*, 1922, ano VII, v. XXI, nº 84.

HAYEK, Frieddrich Auguste. *O caminho da servidão*. Tradução e revisão Anna Maria Capovilla, José Ítalo Stelle e Liane de Morais Ribeiro. Rio de Janeiro: Expressão e Cultura: Instituto Liberal, 1987.

HITLER, Adolf. *Minha Luta*, Adolf Hitler. Domínio público, 1925.

LEAL, Vitor Nunes. *Coronelismo, enxada e voto: o município e o regime representativo no Brasil*. 7ª edição. São Paulo: Companhia das Letras, 2012.

LOSURDO, Domenico. *Contra-história do liberalismo*. Tradução de Giovanni Semeraro. Aparecida (SP): Ideias e Letras, 2006.

MARX, Karl. *O Capital: o processo de produção do capital*. Apresentação de Jacob Gorender. Tradução de Regis Barbosa e Flávio R. Kothe. Tomo 1. Volume I. São Paulo: Abril Cultural, 1983.

___________. *O Capital: o processo de produção do capital*. Apresentação de Jacob Gorender. Tradução de Regis Barbosa e Flávio R. Kothe. Tomo 1. Volume II. São Paulo: Abril Cultural, 1984.

MESA-LAGO, Carmelo. Balance económico-social de 50 años de revolución em Cuba. *América Latina Hoy*, v. 52, ago. 2009, p. 41-61.

NUNES, Jordão Horta; VILASBOAS E SANTOS; Neville Julio de. A desigualdade no "topo": empregadores negros e brancos no mercado de trabalho brasileiro. *Civitas (Revista de Ciências Sociais)*, Porto Alegre, v. 16, n. 2, abr./jun., 2016.

PAULA, Sergio Goes de. João Moreira Salles, o patriarca. *IMS*, 9 abr. 2018. Disponível em: <www.ims.com.br/por-dentro-acervos/joao-moreira-salles-o-patriarca>.

PRONI, Marcelo Weishaupt; GOMES, Darcilene Claudio. Propriedade ocupacional: uma questão de gênero e raça. *Estudos Avançados*, São Paulo, v. 29, n. 85, set./dez., 2015.

RASELLA, Davide; HONE, Thomas; SOUZA, Luís Eugenio de; TASCA, Renato; BASU, Sanjay; MILETT, Christopher. Mortality associated with anternative primary healthcare policies: a nationwide microsimulation modelling study in Brasil. *BMC Medicine*, v. 17, abr. 2019, p.1-11.

RUIZ, Pablo Rodrígues (entrevista). O problema racial se resolverá quando se destruírem a negrura do negro e a brancura do branco. *Sociologia e Antropologia*. Rio de Janeiro, v. 7, n. 1, abr. 2017, p 269-281.

ROSS, Alex. How American Racism influenced Hitler. *The New Yorker*, 23, abr. 2018. Disponível em <newyorker.com/magazine/2018/04/30/how-american-racism-influenced-hitler>. Traduzido por Renato Pincelli. Disponível em <medium.com/@rntpincelli/como-o-racismo-influenciou-hitler-7fc202b4b414>.

ROTHBERG, Michael. O fantasma da comparação. *Goethe-Institut Brasilien*. Traduzido por Cláudio Andrade. Disponível em: <goethe.de/ins/br/pt/kul/mag/21864662.html>.

SACRAMENTO, Leonardo. *A universidade mercantil: um estudo sobre a universidade pública e o capital privado*. Curitiba: Appris, 2019.

______________. *O nascimento de uma nação:* como o liberalismo produziu o protofascismo brasileiro. Vol. I. São Paulo: Editora IFSP, 2022a.

________________. *O nascimento de uma nação*: como o liberalismo produziu o protofascismo brasileiro. Vol. II. São Paulo: Editora IFSP, 2022b.

SAES, Alexandre Macchione; AVELINO FILHO, Antoniel. Escravidão e trajetória das elites locais: Campanha e Pouso Alegre no ocaso da escravidão. *Cultura, História e Patrimônio*. V. 1, n. 1, 2012.

SALVADOR, Evilasio. *Perfil da Desigualdade e da Injustiça Tributária com Base nos Declarantes do Imposto de Renda no Brasil 2007-2013*. Brasília: Instituto de Estudos Socioeconômicos-INESC, 2016.

________________. *As implicações do sistema tributário brasileiro nas desigualdades de renda*. Brasília: Inesc, 2014.

SAWYER, Mark Q. *Racial Politics in Post-Revolutionary Cuba*. New York: Cambridge University Press, 2006.

SAVIANI, Dermeval. *Escola e Democracia: teorias da educação, curvatura da vara, onze teses sobre educação e política*. São Paulo: Cortez; Autores Associados, 1987.

SKIDMORE, Thomas E. *Preto no branco: raça e nacionalidade no pensamento brasileiro*. Tradução de Raul de Sá Barbosa. Rio de Janeiro: Paz e Terra, 1976.

SOUZA, Bárbara Oliveira. *A ambígua condição negra em Cuba: relações raciais e mobilizações coletivas antirracistas*. (Doutorado em Antropologia) Universidade de Brasília, Brasília, 2016.

VALE, Fernando Henrique do. *Economia de abastecimento em uma economia agroexportadora: o município de Pouso Alegre/MG na transição para o século XX*. (Mestrado em História Econômica). Faculdade de Filosofia, Letras e Ciências Humanas da Universidade de São Paulo. São Paulo, 2018.

ZAVALA, Silvio A. HALL, Maximo Soto; CARBONELL, José Manuel; UREÑA, Pedro Manuel. *História das Américas: independência e organização constitucional*. Direção de Ricardo Levene (Professor das Universidades de Buenos Aires e La Plata) e Pedro Calmon (edição brasileira). Vol. VII, Rio de Janeiro-São Paulo-

-Porto Alegre: W.M. Jackson, 1947; e *Historia de Cuba* (Nivel medio superior), s.d.

ZAVALA, Silvio A. HALL, Maximo Soto; CARBONELL, José Manuel; UREÑA, Pedro Manuel. *História das Américas: América contemporânea*. Direção de Ricardo Levene (Professor das Universidades de Buenos Aires e La Plata) e Pedro Calmon (edição brasileira). Vol. XI, Rio de Janeiro-São Paulo-Porto Alegre: W.M. Jackson, 1947; e *Historia de Cuba* (Nivel medio superior), s.d.

Alameda nas redes sociais:
Site: www.alamedaeditorial.com.br
Facebook.com/alamedaeditorial/
Twitter.com/editoraalameda
Instagram.com/editora_alameda/

Esta obra foi impressa em São Paulo no inverno de 2023. No texto foi utilizada a fonte Minion Pro em corpo 10,5 e entrelinha de 15,5 pontos.